报史报人译介丛书 | 主编 董广安 | 副主编 李惊雷 王晓宁 王海

报史报人译介丛书由郑州大学穆青研究中心资助出版

在华传教士出版简史

The Mission Press in China

〔美〕金多士 | 著　王海 | 译　王晓宁 | 校

中央编译出版社
Central Compilation & Translation Press

图书在版编目(CIP)数据

在华传教士出版简史／（美）金多士著；王海译．—北京：中央编译出版社，2017.12

（报史报人译介丛书 ／ 董广安主编）

书名原文：The Mission Press in China

ISBN 978-7-5117-3242-2

I. ①在… II. ①金… ②王… III. ①出版事业-史料-中国-近代 IV. ① G239.195

中国版本图书馆 CIP 数据核字（2016）第 322441 号

在华传教士出版简史

出 版 人：葛海彦
出版统筹：贾宇琰
责任编辑：曲建文
执行编辑：程 彤
封面设计：田 晗
责任印制：尹 珺
出版发行：中央编译出版社
地　　址：北京西城区车公庄大街乙5号鸿儒大厦B座（100044）
电　　话：（010）52612345（总编室）　（010）52612370（编辑室）
　　　　　（010）52612316（发行部）　（010）52612317（网络销售）
　　　　　（010）52612346（馆配部）　（010）55626985（读者服务部）
传　　真：（010）66515838
经　　销：全国新华书店
印　　刷：北京紫瑞利印刷有限公司
开　　本：880毫米×1230毫米　1/32
字　　数：118千字
印　　张：5.375
版　　次：2017年12月第1版
印　　次：2017年12月第1次印刷
定　　价：28.00元

网　　址：www.cctphome.com　　邮　　箱：cctp@cctphome.com
新浪微博：@中央编译出版社　　微　　信：中央编译出版社（ID：cctphome）
淘宝店铺：中央编译出版社直销店（http://shop108367160.taobao.com）

本社常年法律顾问：北京市吴栾赵阎律师事务所律师　闫军　梁勤
凡有印装质量问题，本社负责调换，电话：（010）55626985

译丛序

清末民初，在华传教士的传教史就是一部西学东渐和中西文化交流的译介史，从某种意义上讲也是一部传教士创办各种中外文报刊和印刷机构，进而推动中国本土新型报刊兴起的报刊活动史。在华传教士报刊和印刷机构作为西学译介活动的重要载体，在中国近代史的历次社会变革中发挥着举足轻重的作用。

19世纪初，英美等国家宗教界兴起"大觉醒运动"（Great Awakening），推动了近代基督新教传教事业的兴起。伦敦布道会、大英浸礼会、美国长老会、美国圣公会、美国浸礼会等宗教团体纷纷派遣传教士来中国传教。基督新教传教士吸取明清时期在华天主教成功的传教经验和反教、"礼仪之争"、禁教、系列教案的教训，采取了与天主教不同的传教策略。他们从社会下层开始，以教会报刊、医院和学校作为向大众宣传教义的途径，更多采用循序渐进的传播方式，无论在南洋一带的传教基地，或是到口岸和内地，传教士们除了直接传播宗教信仰以外，更多地辅以人文和科学的知识传授（顾卫民：《基督教与近代中国社会》，上海人民出版社，2010

年,第 75 页)。客观而言,在华传教士担当主译的有关西学著述的译介活动及其创办的中外文报刊构成中国近代史上西学东渐运动的主流,"西洋教士来华传教,对中国最大贡献,实在于知识之传播,思想之启发,两者表现于兴办教育与译印书籍,发行报刊"(王尔敏:《近代中国与基督教论文集》序言,台湾宇宙光出版社,1981年,第 3 页)。

1807 年 9 月 4 日,英国第一位来华的基督新教传教士马礼逊(Robert Morrison,1782—1834)到达澳门,随后转到广州传教。来华前,马礼逊于 1805 年在出生于澳门的亚美尼亚人拉萨(Joannes Lassar)的指导下学习汉语;从 1808 年到 1813 年,马礼逊将《新约全书》译成中文;从 1814 年到 1822 年,在东印度公司的资助下,马礼逊与 1813 年 7 月抵达澳门的助手米怜(William Milne,1785—1822)合作,将《旧约全书》译成中文。1813 年,马礼逊向伦敦布道会提出"恒河外方布道计划",作为该计划的一部分,伦敦会在南洋和华南周边地区创办了最早的四种中文报刊:《察世俗每月统记传》(1815—1821)、《特选撮要》(1823—1826)、《天下新闻》(1828—1829)、《东西洋考每月统记传》(1833—1837)。在创办第一批中国近代报刊时,传教士在报刊中有意贴上儒家思想的标签,以中国章回体小说的形式来诠释经文,以取悦和接近中国读者,其中彰显了中西文化的交流、冲突、融合。

虽然在华基督新教传教士创办的首批近代中文报刊整体而言是"失利的",但是在华基督新教传教士开启了在华译介西学著述和报刊活动的序幕。1872 年,耶稣会才在上海徐家汇创刊中国第一份中文天主教报刊《万象观察公报》(*Bulletin des observations météorologiques*),在华天主教传教士的报刊活动和西学译介活动迅速发展,成为中国近代史上规模宏大的西学东渐运动中的一股有生力量。

19世纪中后叶,随着鸦片战争中海禁打开,在华传教士取得了在华自由传教的权利,传教士的译介中心和报刊活动中心由广州、澳门、香港转移到上海。从此,在华传教士与中国士绅阶层合作展开了大规模的西学译介活动;同时,在华基督新教报刊实施世俗化和本土化的转型,传教士创办的世俗化报刊、宗教报刊和通商口岸的外商报刊逐渐为国人所接受,促进了中国本土新型报刊的兴起。毋容置疑,在华传教士的西学译介和报刊活动催生了洋务运动和维新变法等社会变革,进而影响着中国社会的进程。

郑州大学穆青研究中心组织翻译的这套报史报人译丛有其独特的学术价值。1895年由上海美华书馆出版的金多士(Gilbert McIntosh)著《在华传教士出版简史》(*The Mission Press in China*)记录了美华书馆50年(1844—1894)的发展历程与遍布香港、上海、北京、福州、宁波、汕头、汉口、九江、泰州、满洲里、海南等地的在华差会印书馆的情况;罗文达、陈鸿舜、梁允彝、古廷昌著《中国宗教期刊》(*The Religious Periodical Press in China*)论述了在华基督教新教报刊的发展、地理分布、基督新教组织的报刊活动等内容;《中国三大宗教报刊》(*Three Main Religious Press in China*)分别论述了中国佛教报刊(The Buddhist Press)(罗文达文,梁允彝图)、道教报刊(The Taoist Press)(陈鸿舜)、中国儒家文化报刊（The Confucian Press in China）（罗文达）的历史沿革、地理分布、语言、报刊与各宗教组织的关系等层面的特征；该著述还涉及在华俄罗斯东正教和犹太人的报刊活动。显然，有关在华传教士出版和报刊活动的详尽记录，对于当今学者研究中国近代史、在华传教士报刊对中国本土新型报刊的影响，进而研究西学东渐背景下在华传教士所进行的西学译介和报刊活动对中国社会的影响，都是十分有益而珍稀的资料。

寄望丛书的出版能够为读者提供史料参考和思想源泉。

是为序。

郑州大学新闻与传播学院教授

穆青研究中心主任

董广安

2016 年 8 月

前 言

我似乎有必要在前言中简单解释一下。

首先，在撰写简介与发行该书的过程中耽搁了如此长的时间，原因在于，在1894年的夏季与秋季之间添加了很多重要事情。尽管如此，此书的发行亦不应该延迟。然而，从几个方面来讲，准备和印刷该书的延迟却带来了额外的收获。期间，与在华圣经和布道协会密切联系的几个朋友热心地提供了他们非常熟悉的特定教会的短期历史调查材料，这样就为读者提供了了解这些宗教社团为充分准备和利用美华书馆等传教士印书馆书刊所做的重要工作的机会。而且，我们因此感谢此书第五页所记载的提供其他传教士印书馆历史材料的那些人，我们衷心地感谢为第六章提供资料的如此友善的教友们。

这里，我也有必要解释，为什么这项工作不是由阅历、圣明和辨别力最适合的人来准备。第四章会提供部分原因，但是，除了"负责人"对本书的显而易见的大量需求之外，这里非常有必要提醒美华书馆的核心地位及其自身拒绝承认其行业老大位置所引来的关注,以及在华工作的绝大多数传教士对在华印书馆信息的日益增长的需要,而只要有中国人生存的地方,费启鸿(G. F. Fitch, 1845—1923)[1]就不可能不收集和整理这些资料。

本书尚未涉及美华书馆如何达到自给自足的地位、呈送慈禧太后的陈述性圣约书的印制等事务。这些及诸如此类的特殊事情都是大众读者感兴趣的,可以从其他渠道获悉。我们相信,这里写就的所有文字都将托福于上帝的荣耀,上帝赋予各种宗教差会以恩赐。我们相信,读者将发现很多理由与我们共同庆祝所取得的成绩;现在是美华书馆创立50周年之际、1895年伊始之后的几个小时,我们展望未来,相信祝福其仆人之上帝及其之前的努力都会在新年继续与我们为伴,而上帝之恩赐还会赋予我们优先服务的机会。

金多士(Gilbert McIntosh)[2]

上海北京路18号

1895年1月1日

注释

[1] 费启鸿(George F. Fitch,1845—1923),美国长老会传教士。1870年来华,在上海传教,1872年调往苏州设立北长老会传教站。1885年调往宁波。1888—1914年任上海长老会所办的美华书馆主任,同时兼《教务杂志》(*The Chinese Recorder*)总主笔,在职18年。卒于上海(根据中国社会科学院近代史研究所翻译室《近代来华外国人名词典》(中国社会

科学出版社，1981年，第142页）的内容整理而来）。——译注

[2] 金多士（Gilbert McIntosh, 1861—?），又译为G. 麦金托什，美国基督教长老会遣华传教士。其著作有《在华传教士出版史》(*The Mission Press in China*)（1895）、《中国的危机与基督教传教士》(*The Chinese Crisis and Christian Missionaries*)（1901）、《上海美华书馆六十年概述》(*A Mission Press Sexagenary*)（1904）、《美华书馆七十年》(*Septuagenary of the Presbyterian Mission Press*)（1914）。——译注

目 录

简介   001

第一章   1844—1846 花华圣经书房   012

第二章   1847—1857 花华圣经书房   021

第三章   1858—1894 美华书馆   036

第四章   1895 美华书馆   045

第五章   在华其他传教士书局   055

             美国公理会海外传道部书局   056

             伦敦布道会书局   057

             上海伦敦布道会印刷所   057

             福州卫理公会主教团书局   059

             宁波"英国圣公会差会书局"   065

             汕头英国长老会书局   066

             苏格兰圣经会书局（汉口）   069

             九江中华书馆   072

第六章   圣经书社   087

             大英圣经公会   088

             美国圣公会   091

             苏格兰国家圣经书社   102

             宗教圣经书社东方支社   105

中部宗教圣经书社	107
中国宗教圣经书会	109
中国北方圣经书社	110
福建北部宗教圣经书社	111

第七章　结语　　　　　　　　　　　　　　　137

附录：出版大事年表（1862—1918年）　　　143

译后记　　　　　　　　　　　　　　　　　156

简　介

50年前，美华书馆在澳门成立。现在，这株质朴的幼苗已经成长为一棵令人欣喜的参天大树，其分支机构遍布整个中华帝国并在中国人生存的任何地方都产生了积极的影响。由于美华书馆50年稳步发展过程中有诸多教训和令人鼓舞的惊喜，我们感觉有必要撰写这本纪念录，无论从哪个角度来讲，这都是有益的事情。

首先，我们考虑到美华书馆谨慎的开端和发达的现状及其发展期间完成的所有工作，这导致我们"要向耶和华歌唱，因他所行的甚是美好"[1]，并要"他们纪念他的大恩，就要传出来"[2]。

然后，回顾一下在上帝佑助下早期传教士对传教事业付出的辛勤劳动、自我牺牲热情和真诚奉献，就会刺激我们继续努力，义无反顾地做好布道工作。我们能够从早期传教士在这片陌生土地上留下的初步印象中享受好处，从他们传播福音过程中所犯下的失误中受益——与我们盲目的尝试比较而言，他们的布道工作的失误很少——在困难和失望中寻找些许信任和坚持，我们明白，"在未来的日子里，如果我们不气馁的话，那么我们就会有所收获"。

回顾早期在华传教士传教事业发轫与成长的另外一个原因是，以欣赏的心态来记载教士们对中国国内教堂的精心呵护和培育。现在，随着传教事业的大规模开展，传教会（the Board Secretaryships）中没有闲职，甚至在早期，由于教会要面对和解决很多新问题，要实施若干计划，几位传教士主管有很大负担。尽管如此，我们仍然保留对他们表达最温情的挂念和版面，其价值等同于对有关该新领域状况的远见卓识，而这正是首批遣华传教士的特征。

翻阅早期传教士留下的一些信函是件令人赏心悦目的独特之事，其中很多信件已经起皱并褪了颜色，它们是该领域中首批传教士书写的——当时这些传教士居住在新加坡。信中充满着激扬、真诚和亲切的回忆，既有善意的指导，又有关于明显错误的真心指点。而1840年7月16日的一封信饱含着令人愉悦而温情思绪的语句："自从你离开我们之后，我们一直在思念你，谈论你，我希望一直为你祈祷。"在注明日期为1840年7月9日的一封信中，我们看到了一幅插图，描绘了早已提及的有关细节的远见卓识，而这些似乎特别表明了沃尔特·罗利（Hon. Walter C. Lowrie）[3]的特性。他写道："非常感谢欧尔（Orr）先生[4]，他把戴尔（Dyer）先生[5]早已准备好的汉字印刷活字表赠与我们。我仔细核查这个汉字印刷活字表，来识别那些我们尚未从巴黎收到的印刷活字。我发现，在这个汉字印刷活字表中，大约有600个我们还没有得到的印刷活字。我已经让人铸造了这些印刷活字字模，并将它们送往巴黎来复制第一批印刷活字，然后我们就拥有足够的字模来聘请波乃耶先生制作6000枚或者8000枚之外的其他所有的印刷活字。"

在1842年，沃尔特·罗利再次写道："目前中国的（战事）动荡一旦结束，书籍就有某种程度的需求；如果中国门户被打开的话，书籍就会有很大的需求。而现在正是为将来的书籍之需求做准备的时候。"在1842年下半年，我们在另外一封信中读到这样的内容："我对印刷出版业怀有浓厚的兴趣，这是个新兴行业，并非一朝一夕甚至数月时间就能够形成规模，它可能需要数年的时间进行必要的准备工作。"

神学博士约翰·C.罗利（Rev. John C. Lowrie）[6]牧师现在担任浸礼会（the Board of Foreign Missions）的名誉秘书（Secretary Emeritus），他在早些日子也给予了很多有益的指导。下面的信函即是明证。

纽约

1843年4月5日

亲爱的教友：

轮船延期了一天，因此我得闲写下这段有关"中国印刷馆"的想法。您可能见识过这些印刷馆，或者已经考虑过它们的情况，但是它们不会给您带来害处，只能施惠于您。而且这些印刷馆都是非官方的，其创办情况都写进了"我的书中"。

1.我们的计划必须得以永久性的实施——因为工作程序将随着岁月的来临而展开。

2. 中国人像英国人或者美国人那样普遍阅读经书（我们猜测，这里的 S.S. 意谓着 The Sacred Scriptures）的时刻即将到来。数百万《圣经》副本，数千种版本——四开本、十二开本、八开本、教士本、家庭本和袖珍本，带附注本和不带附注本，将被印刷出版并广泛发行。

3. 在我看来，这些经书几乎不需要用手工雕刻和用刷子涂色的木版印刷。我们生活在一个金属和蒸汽机的时代。我们的出版计划包括完全实现高效的机械化，让机器尽可能地发挥作用。

4. 因此，我强烈地支持彻底而公开地尝试使用我们的汉字金属活字来印刷书刊。我很少对那些自由表达的言论感到怀疑和担忧。每一项新发明都必须面临这些争论。前几天，我听说一位如此不相信铁路的农场主，他居住在距离纽约不过 100 英里的地方，却要用四轮马车把其所有的货物运送到 30 英里之外坐落于河畔的一个小镇上。他居住的房屋距离火车站点仅有 6 英里，他本来可以通过火车来运送货物，从而卖个好价钱并节省五分之四的劳力和时间呀！这种支持传统行为方式的保守心态某种意义上讲是一件有价值的事情，但它必须适可而止。把关于中国汉字字模的工作仅仅看作一场试验、一次失败而最公平的尝试，对于这一点我无需辩驳，但这场试验是在耗费一些成本（需要时间去改进和完善）的基础上来实现的。其效果可能又是一样的，不管是从现在还是 10 年之后开始这场试验，它可能会失败，而且很多好的想法和设计也会失败。它也可能会成功，而且正如我所坚信的，这场试验进行得越快越好。

5. 至于目前没有书籍印制订单的问题，这种状况不会持续下去，而且可能到了印刷商掌握中文以便监管本地印刷工的时候（因为，假如我们在印度取得的经验值得吸取的话，一位在华传教士必须十分了解有关中国的知识才能够与本地人交谈、做记录、修正错误等），就会有足够的印制书籍的订单，印书馆就会顺利运营。同时，印刷商本身就能够担当这项工作——至少他能够满意地观察这种尝试的进步并提供"一个公平的机会"。

这些想法是匆忙间写就的，但并非草率地形成的。你将对这些印书馆的价值做出评价，而我满怀感情地祝福它们，并伴随其成长。

约翰·C. 罗利

托马斯·L. 麦克布莱（Rev. T. L. McBryde）[7]

娄理华（Rev. W. M. Lowrie）[8]

合文博士（Dr. J. C. Hepburn）[9]

在撰写我们自己的印书馆历史的过程中，我引用了宁波差会的年度报告（The Minutes and Annual Reports of the Ningpo Mission）。题名为"在华传教士印书馆"（The Mission Press in China）的文章提供了很多有价值的帮助，该文的作者是 W. S. 霍尔特（Rev. W. S.

Holt）牧师，该文刊登在 1879 年第 10 卷《教务杂志》(The Chinese Recorder）上。麦嘉缔·培端（D. B. McCartee）博士[10]出于好意送来了几条注释资料，他于 1844 年 2 月 19 日抵达中国，最近在日本举办皈依教会 15 周年的活动。

  我还要衷心地感谢积极回应并提供在华其他传教士印书馆运行情况的教友们。他们与我们共同祝贺美华书馆创立 50 周年，我们希望他们的付出获得成功的回报，祝愿出版令人愉悦作品的那些公司永远兴旺。

金多士

上海北京路 18 号

1894 年 5 月 19 日

注释

[1] 译自《圣经·旧约》以赛亚书第 12 章，中国基督教协会，1998 年，第 671 页。

[2] 译自《圣经·旧约》诗篇第 145 章，中国基督教协会，1998 年，第 609 页。

[3] 沃尔特·罗利（Hon. Walter C. Lowrie, 1784—1868），美国长老会传教士。1784 年 12 月 10 日出生于苏格兰爱丁堡。1791 年随父母移民到美国，定居宾夕法尼亚州巴特勒县。曾任美国宾夕法尼亚州议员、美国众

议院议员和参议院议员、美国国务卿。——译注

[4] 罗伯特·W. 欧尔（Robert W. Orr），美国长老会遣华传教士。1837年12月9日与夫人一起离开美国，1838年4月5日到达新加坡。他是最早由长老会派至新加坡的传教士之一，曾考察过马六甲、槟榔屿以及威省。1838年10月25日抵达暹罗。1839年12月22日返回新加坡。1840年乘船回国。1841年退出长老会〔根据伟烈亚力（Alexander Wylie）《1867年以前来华基督教传教士列传及著作目录》（*Memorials of Protestant Missionaries to the Chinese: Giving a List of Their Publications and Obituary Notices of the Deceased*），广西师范大学出版社，2011年，第111—112页的记录整理而来〕。——译注

[5] 撒母耳·戴尔（Samuel Dyer, 1804—1843），英国伦敦会遣华传教士。1804年1月20日出生于伦敦附近格林威治的皇家医院，其父约翰·戴尔（John Dyer）是这家医院的负责人。在12岁之前，撒母耳·戴尔接受家庭教育，曾在剑桥大学学习，于1822年皈依基督教，于1824年6月23日加入伦敦会。1827年2月20日，他在帕丁顿教堂被授予神职，不久与约瑟夫·唐（Joseph Tarn）的长女成婚。婚后，撒母耳夫妇先后在槟榔屿、马六甲、新加坡等地传教。期间，撒母耳·戴尔花费大量时间发明和完善汉字的金属活字，而且成功地完成了两种字体的部分设计，其精准度和精美度至今无人企及。1828年底前往马六甲探望传教士同人并安排印刷中文书籍事宜，1835年10月26日始在马六甲定居，主要负责印刷所的事务及铸造活字；1842年2月26日开始在新派驻地新加坡的差会工作，1843年7月18日前往香港参加伦敦会会议，8月7日抵达香港后被任命为大会秘书，并参与讨论《圣经》翻译事宜。会议结束后，他前往广州考

察,然后从那里坐船回新加坡。途径澳门的时候,因发高烧被迫转移到岸上,10月21日在澳门去世,遗体被运到新教墓地,埋葬在马礼逊的墓旁。撒母耳·戴尔的中文作品有:《论天》(槟榔屿,1835年)、《福音总论》〔1839年,这份小册子的木刻板被送到伦敦制作成铅版,由英国及海外圣教书会(British and Foreign Tract Society)印刷出版。铅版的副本也被运送至中国〕;英文作品有:《福建方言字汇》(*Vocabulary of the Hok-kien Dialect*)(新加坡,1838年)、《作印集字》(*A Selection of Three thousand Characters Being the Most Important in the Chinese Language*)(马六甲,1834年,该书为雕刻汉字字模、铸造金属活字的工具书)、《伊索寓言》〔*Esop's Fables*,新加坡,1843年,作者将罗伯聃(R. Thom)的中译本再次译为福建省漳州地区的方言以及广东省潮州地区的方言。其中第一部分为福建方言,由戴尔先生和施敦力先生合作译成,第二部分由施敦力一人完成〕。戴尔还为《加尔各答基督观察者》(*Calcutta Christian Observer*)、《中国丛报》(*The Chinese Repository*)等刊物撰写了大量文章〔根据伟烈亚力(Alexander Wylie)《1867年以前来华基督教传教士列传及著作目录》(*Memorials of Protestant Missionaries to the Chinese: Giving a List of Their Publications and Obituary Notices of the Deceased*),广西师范大学出版社,2011年,第58页—60页)的内容整理而来〕。——译注

[6] 约翰·C. 罗利(Rev. John Cameron Lowrie, 1808—1900),美国长老会传教士,沃尔特·罗利(Hon. Walter C. Lowrie, 1784—1868)之子。1808年12月16日出生于宾夕法尼亚州巴特勒县。在宾夕法尼亚杰斐逊学院(Jefferson College of Pennsylvania)读书,于1833年皈依基督教,于1838年担任长老会助理秘书,1850年担任长老会秘书职务至1891年,

然后担任名誉秘书。其著作有 Memoirs of Walter Lowrie 等，他还为宗教报刊供稿，撰写了大量的评论文章。——译注

[7] 托马斯·L. 麦克布莱（Rev. Thomas L. McBryde），美国长老会遣华传教士。被任为牧师后，受美国长老会海外差会委派，于1840年与夫人一同到新加坡。1841年9月18日与雅裨理从新加坡出发前往婆罗洲，10月30日返回。因健康原因，于12月初来到澳门，6月1日赴香港，从香港前往鼓浪屿。6月7日麦克布莱夫妇同他们刚出世的婴儿一起抵达鼓浪屿。1843年1月13日因健康欠佳前往澳门。7月初乘坐"马礼逊号"从澳门出发返回美国，10月20日抵达纽约，至此结束了他的传教事业〔根据伟烈亚力（Alexander Wylie）《1867年以前来华基督教传教士列传及著作目录》(Memorials of Protestant Missionaries to the Chinese: Giving a List of Their Publications and Obituary Notices of the Deceased)，广西师范大学出版社，2011年，第133页的记录整理而来〕。——译注

[8] 娄理华（Rev. Walter Macon Lowrie, 1819—1847），早期在华传教士印刷馆的助手之一，沃尔特·罗利（Hon. Walter C. Lowrie, 1784—1868）之子。出生于1819年，1837年9月毕业后即进入普林斯顿神学院，1840年12月成为美国长老会的一名传教士，同年4月获准传播福音，并于同年11月9日被任为福音传教士。1842年1月19日从纽约乘船赴华，5月27日抵达澳门。娄理华在华传教生活的前5年中充满了动荡和变迁。1847年8月19日在从上海返回宁波的途中，乘坐的船只遭遇逆风滞留在乍浦而遭到海盗的袭击。他被海盗抛入大海，海盗用船锚阻止他游回上船，他在海中游了一段时间，沉下去，再也没有露出海面。

[9] 合文（James Curtis Hepburn, 1815—1911），美国长老会医学传教

士,已故美国影星奥黛丽·赫本之祖父,日译旧作黑本或平文。他在美国获得医学博士学位后,于1841年夏天同夫人一起前往新加坡,9月中旬抵埠,1843年夏天移居澳门。后往返于厦门和香港之间,曾于1844年1月下旬在厦门城里开办了一家医院。1845年6月28日再次离开厦门南下,1846年回美国。此后在纽约行医,后来作为美国长老会派往日本的医学传教士再次来到东方。1859年,赫本夫妇抵达上海,再从上海前往日本神奈川。1860年的9—10月间,他去了一次函馆,后又回到神奈川居住。1859—1892年在日本传教施医。1867年编《和英语林集成》,1891年编成日文《圣经字典》,曾和日本其他教会的教士合译《圣经》为日文:《新约》1880年出版,《旧约》1887年出版。他是日本假名拉丁化"黑本式"的首创人〔根据伟烈亚力(Alexander Wylie)《1867年以前来华基督教传教士列传及著作目录》(*Memorials of Protestant Missionaries to the Chinese: Giving a List of Their Publications and Obituary Notices of the Deceased*),广西师范大学出版社,2011年,第133页与《近代来华外国人名词典》(中国社会科学出版社,1981年,第204页)的内容整理而来〕。——译注

[10] 麦嘉缔·培端(Divie Bethune McCartee, 1820—1900),美国基督新教遣华医学传教士、教育家、驻中国和日本外交官。1820年1月13日出生在费城,曾先后在纽约哥伦比亚学院和费城宾夕法尼亚大学学习,在宾大获得文学硕士学位。1840年获得医学博士学位。1841年1月宣誓入教,1843年8月成为长老会派往中国的医学传教士。10月9日乘坐"女猎人号"离开纽约,1844年2月19日抵达香港,6月12日乘船北上,20日抵达宁波,此后在宁波传教多年。撰写了《三字经新增注解》、《悔改

说略》《鸦片六戒》等大量中文作品〔根据伟烈亚力（Alexander Wylie）《1867年以前来华基督教传教士列传及著作目录》(*Memorials of Protestant Missionaries to the Chinese: Giving a List of Their Publications and Obituary Notices of the Deceased*)，广西师范大学出版社，2011年，第140页的记录整理而来〕。——译注

图1：美华书馆

第一章

1844—1846 花华圣经书房

关于长老会美华书馆最初的创建情况,《教务杂志》第 10 卷做了如下细节的记载:"印刷机于 1844 年 2 月 23 日送达澳门,由柯理(Richard Cole)[1]先生负责。一位名叫阿雨(A Yuk)[2]的中国小伙子护送印刷机返回中国,阿雨是欧尔先生回美国时带到美国的,他作为一名印刷工而受雇于长老会,阿雨在美国时学会了某些印刷技术。在当年 4 月份的第一天,'保罗·约翰'号(Paul Jones)轮船从美国运来 323 枚字模。在 2 月 23 日与 6 月 17 日书馆筹备期间,印刷机投入安装和调试,同时由于等待必不可少的固定装置而耽误了很多时间。"

起初,长老会美华书馆仅有两名印刷工人和一名排字工人,当年印书馆所完成的最重要的印刷工作就是出版了《以弗所书》(The Epistle to the Ephesians),印制《路加福音》(Luke's Gospel)14 500 份、《新约使徒行传》(Acts of the Apostles)15 000 份、《张远两友相论》(The Two Friends)[3] 10 000份。印书馆刚开始创建似乎就进行了汉字字模的铸造工作。

此前，P. P. 托马斯（P. P. Thomas）先生已经在澳门为东印度公司（East India Company）制作了第一批现代汉字铅字，其目的是为了印刷马礼逊（Robert Morrison）的《华英字典》(*Morrison's Dictionary*)，所采用的方法是在金属或锡模板上缓慢切割来制作字模。另外一幅汉字铅字是由格兰德（M. C. Grand）先生于1836年制作的，他是巴黎的一位铸字家；这幅汉字字模的特点是把汉字中形声字的部首（偏旁）和词根分别铸造，如"蜿"字中的"虫"与"宛"，或者"鳅"字中的"鱼"与"秋"，因此这幅字模在铸造时需要的字模数量就少。在1838年，巴黎皇家印书馆（Royal Printing Office）弄到了一套在中国刻制的汉字模板，以此为基础翻制出一幅厚版并通过锯割和打磨原件而得到一个个汉字铅字。

新成立的花华圣经书房使用新铅字字模，这使得印刷质量得到很大的提升，这些字模是伦敦布道会驻新加坡传教士撒母耳·戴尔（Rev. Samuel Dyer）牧师制造的（从美国接收的那些字模除外）。戴尔是一位不知疲倦的印刷工，他在1845年去世之前已经完成了1845个字模冲头。制造字模冲头的工作由柯理先生继续下去，而这种字模铸造方法似乎一直使用到1850年。

在1845年初，似乎就有人提出一个愿望——主要由柯理先生倡议——将花华圣经书房迁往宁波。主要理由如下："印书馆内安置了差会中如此多的传教士，迁至宁波之后其运行的额外设备比在厦门少，其花费也小。"从1845年6月《宁波传教士会议记录》

(*Minutes of the Ningpo Mission Meeting*)中,我们可以发现,给出的很多理由表明了这次印书馆迁址不合时宜。所涉及的第一个缺陷与不确定性有关,万一舟山再次被英国占领,那么宁波就不是一个更适合印书馆安址的地方。第二个理由是如何应对找到合适建筑物的困难。

我们的传教士先驱们提出了反对迁址的第三个理由:"因为我们担心如此多的美国人聚集在一起,而他们中没有任何人具有明确的谋生方式,这可能导致中国某些官员的怀疑,尤其是我们明白,中国官方已经以诧异的眼光来看待我们了。"其他反对印书馆迁址的理由是基于气候的原因,中华帝国其他地方缺乏印制和传布经书的设备,而且印刷馆手中的重要订单在澳门可能最便于完成。

这些和其他反对迁址的理由似乎很快就被搁置一边,因为我们在《宁波传教士会议备忘录》中发现了下面的记录:"在7月19日,柯理夫妇从澳门抵达宁波,带来了印刷机……调试印刷机进入正常运行状态,需要一段时间,但是这项工作已经做了充分的准备,印刷机在9月的第一天就开始运行;拆卸打包、搬运、打开包裹和再次组装印刷机等环节花费了大约3个月时间。宁波印刷馆在当地所承接的第一项工作就是印制米怜博士后来撰写的乡村布道书,此次印刷7000份。"

《1845年宁波教会年度报告》(*The Annual Report for 1845 of the Ningpo Mission*)中欣慰地提到了参加印书馆工作的人并对他们表达谢意。作为一次尝试,这项工作不得不在缺乏经验、缺乏适当的设备、对印书馆迁址成功的消极态度等劣势中进行。

第一章 1844—1846 花华圣经书房

我们冒昧地摘录49年前《1845年宁波教会年度报告》中的一段记录来重申其精神：

"有人可能会发问：我们是否会像中国人那样廉价地印刷出版物？对这个问题的回答可能是这样的，中文印刷字体有几种，当然有不同的价格。如果你选中最低廉的那种字体，而他们印刷了大多数这种字体的书刊，答案肯定是：我们不能像中国人那样以低廉的价格来开展印刷业务。但是，一位曾观察过中国印刷工工作的人士说，中国印书馆采用低劣的蜂网状纸张，字体雕刻粗糙，字模使用率过高而字迹模糊不清，如此印刷出来的著作阅读时的困难可想而知，这就难怪我们不能与中国印书馆进行价格竞争了。但是，我们认为这不是一种判断自己印书馆产品的公平标准。选取他们最好的印刷品与我们的印刷品进行比较，我们不会害怕任何方面的比较（除了个别汉字起初铸造得粗糙而宜改进），我们确信在长期的金属活字印刷业中我们的印书馆将是最廉价和最有希望的。"

我们将效仿先驱们留下的这些有价值的案例，尽量实现印刷生产的完美，在我们面前保持一种高标准，雇佣可靠的印刷工并使用最好的印刷材质。说起中国印刷品的低廉特征，可能也要与油墨印刷品进行比较。中国人普遍使用于木板印刷的油墨是由油烟混合蔬菜油制成的，由印刷工亲自研磨。一摞刚印刷的中文书籍由于使用油墨印刷，经常弄得房间里的空气和环境污浊不堪，令人难受。

花华圣经书房早期的业务由出版委员会[4]监管，该委员会成员参与挑选要出版的书籍，决定印刷的数量、字体和编辑成本，参与出版过程中书稿的校对，管制传教士之外书籍的发行去向，并提供与印书馆相关的各种建议。谷玄、娄理华与克陛存（Michael Simpson Culbertson）[5]三位传教士被任命为首届出版委员会成员。

然而，有证据表明，所有的传教士都对刚建立的花华圣经书房提出了实质性的帮助。在1845年9月11日举行的年度会议记录中，我们发现了如下内容："修订和改进目前手上的铅字这个问题已经解决，每位传教士都分担了'字模表'中部分汉字的修订和校对工作，并仔细观察旨在发现缺陷及其需要更换的字模。"

美华书馆当时的名称叫花华圣经书房（The Chinese and American Holy Classic Book Establishment）。根据1845年9月年度会议通过的决议显示，印书馆内员工的数量限制在两名印刷工和三名排字工。根据另外一条决议，在1845年10月1日至1846年10月1日的一年间1 000美元经费划拨到印刷部。

在1846年2月，我们发现柯理先生作为代表付给印刷工的头领阿苏（Asuh）每月9美元的固定工资，如此就可以理解：他愿意永远受雇于传教站而领取这笔钱。在1846年4月，一架新铸件熔炉和其他物资从美国抵达宁波。即使有这些物资帮助，铸造厂也不可能提供所需的所有字模，于是在7月戴尔先生制造的1 197磅字模从香港送达宁波；很快，铅字活字字模订单就从其他国家和地区传来，第一份国外的订单来自曼谷。

就可以肯定的情况而言，第一份业务之外的请求订单于1846年签订，在传教业务之前出现。正如讨论所表明的事情如何发生的经过那样，我们这里给出备忘录中的一段摘录："宁波的一位官员要求为他印制有关中国历史的节选文本，这项业务可能需要大概8

个月的时间才能够完成，该业务由出版委员会介绍给传教会。为了完成这项印刷业务，亟需做以下工作：(1)我们的铅字活字字模尚未尝试使用过，印刷这本历史书籍比其他著作将需要使用其中更多的汉字，这样就可以检验这套字模，从而非常有助于完善它。(2)这项业务将有助于促进我们的字模和印刷馆在中国人中间的知名度。(3)这将极大地消除关于这套铅字活字字模的偏见，因为很多人预见这套字模不会取悦中国人，可以表明这一点的是，大部分值得尊敬的中国人本身就羡慕这套字模。(4)这从实质上不会干扰我们的直接布道工作，因为我们手头有大量的布道传单要印刷，而且现在我们没有什么特别重要的作品要印制。"

与此相反，亟需弄明白的事情是：(1)这项（具有争议的）事情严格来讲并非传教士的布道工作。(2)这本有争论的书包含着很多中国寓言故事，假如这本书由我们印书馆出版和发行的话，恐怕人们就会认为我们默许了这本书及其内容。(3)如果任何重要性在几个月期间提出的话，它可能会干涉我们正在进行的传教工作。

虽然大多数人支持印刷这本著作，它最终还是被撤销了。我们可以在这里宣称，花华圣经书房仅限于从事传教和仁慈事业领域的工作，除了个别情况下其充足的资源促使它接纳其他印书馆无能力完成的合法的业务，但是任何此类业务都不允许干扰传教出版物的印刷工作。

在1846年期间，有关花华圣经书房的其他值得关注的事情是，它曾搬迁到很多更加便利而宽敞的房屋中；制作电镀字模的尝试；用金属活字字模印刷中文作品的可行性已成为事实，不再是尝试，而是已经充分证明了的事实。在这年中，印刷了 12 本书，其中 2 本书再版，总印制页数是 635 400 页。

注释

[1] 柯理（Richard Cole，一译谷玄），美国遣华传教士。柯理是印第安纳州的印第安纳波利斯人，曾在一家报社担任印刷工，后成为美国长老会派往中国教区的印刷工。1843 年 10 月 6 日，柯理夫妇携带印刷机和字模同麦嘉缔培端以及布里奇曼一起乘坐"女猎人号"离开纽约，1844 年 2 月 19 日抵达香港后便开始铸造汉字字模，同时进行汉字印刷。该年移居澳门，在当地开始他的工作。1845 年夏天前往香港，7 月 5 日带着印刷设备同夫人一起乘坐"约翰·霍顿号"（Jones Horton）北上，同行的还有伍兹（Woods）夫妇、格雷厄姆（Graham）夫妇以及费尔布拉德（Fairbrother）夫妇。该月底到宁波，在那里住到 1847 年底。此时，柯理脱离了长老会。此后先到上海，再赴香港，在那里受雇于伦敦会，负责监督他们的字字模铸造和印刷工作。当完成了两种字体的全部字模和第三种字体部分字模的铸造后，他辞去了这份工作，于 1852 年前往加利福尼亚州。数年前他还在那里编辑报刊〔根据伟烈亚力（Alexander Wylie）《1867 年以前来华基督教传教士列传及著作目录》(*Memorials of Protestant Missionaries to the Chinese: Giving a List of their Publications and Obituary Notices of the Deceased*)，广西师范大学出版社，2011 年，第 139 页的记录整理而来〕。——译注

[2] 音译。——译注

[3] 指米怜（William Milne）编著的《张远两友相论》(Dialogues between Chang and Yuen，1819)。——译注

[4] 第一届出版委员会由谷玄、娄理华与克陛存三位传教士组成，后麦嘉缔等参与其事。——译注

[5] 克陛存（Michael Simpson Culbertson，1819—1862），美国长老会遣华传教士。1819年1月18日出生在宾夕法尼亚州的钱伯斯堡。曾入西点军校学习，1840年6月毕业后在该校做了一段时间的助理数学教师。之后担任过美军炮校部队少尉，后来辞去该职，成为一名传教士。1844年5月从普林斯顿神学院毕业后，被按立为牧师。作为美国长老会派往中国的传教士，同夫人一起于6月22日乘坐"科荷达号"离开美国，10月22日抵达澳门，同行的还有哈巴安德医生、芦壹先生和露密士先生。次年2月到香港。20日和露密士以及高温医生乘坐"伊莎贝拉·安娜号"离开香港，3月30日抵达舟山，4月初到宁波。5月18日宁波的长老会成立时，克陛存被选为本堂牧师，之后转调上海传教站，于1850年7月带着全家移居上海，同时被选为《旧约》翻译代表委员会的宁波代表，8月1日和同事们一起上任。翻译《利未记》近一半时，委员会的人员构成发生了一些变化，克陛存和裨治文合作重新开始翻译《旧约》。1855年10月，克陛存放下《旧约》和《新约》的翻译工作，同家人一起返回美国。1858年6月回到上海后，继续同裨治文一起合作翻译《圣经》，直至1861年11月他尊敬的同事去世为止。在这段时间，他和家人去了一次厦门，后又回到上海。1862年8月25日在上海去世，此前不久，他完成了《圣经》的翻译工作。美国的一所大学曾经授予克陛存神学博士学位，但他在

得知这一消息前已撒手人寰。他的遗体被安葬在上海的墓地。其中文作品有《真神十戒注释》(宁波,1848)、《若瑟言行全传》(宁波,1847)、《以利亚言行传》(宁波,1853)、《福音道问答合讲》(上海,1861)、《福音道问答简略》(上海,1862)、《新约全书》、《旧约全书》等。英文作品有《对中文〈圣经〉修订本中〈创世纪〉和〈出埃及记〉注解的批评所作的回应》(*Reply to the Strictures on the Chinese Scriptures*,广州,1852)、《论太平天国时期出版的讨论 Elohim 和 Theos 在中文〈圣经〉中正确译名的作品的意义》(*Essay on the bearing of the Publications of the Tai-ping dynasty Insurgents on the Controversy respecting the proper tern for translating the words Elohim, and Theos in the Chinese version of the Scriptures*, 1853)、《"花国"的黑暗:中国北方宗教观念和流行的迷信》(*Darkness in the Flowery Land; or, Religious notions and Popular superstitions in North China*, 纽约,1857),另外他在《中国丛报》上发表了一些文章〔根据伟烈亚力(Alexander Wylie)《1867 年以前来华基督教传教士列传及著作目录》(*Memorials of Protestant Missionaries to the Chinese: Giving a List of their Publications and Obituary Notices of the Deceased*),广西师范大学出版社,2011 年,第 151—153 页的记录整理而来〕。——译注

第二章

1847—1857 花华圣经书房

为了了解花华圣经书房稳定成长的历程,我们必须记得:花华圣经书房尚处于发展初期,依然被认为是在为基督教中文作品的出版做准备工作,而整个在华基督新教传教事业无论从哪个部门或层次而言都处于"幼年期"。

这个领域的传教士包括如下人员:美部会的卫三畏(Samuel Wells Williams)[1]、波乃耶(Dyer Ball)[2]、罗啻(E. Doty)[3]、裨治文(Elijah Coleman Bridgman)[4]和裨雅各(James Granger Bridgman)[5];伦敦布道会的麦都思(Walter Henry Medhurst)[6]、米怜(William Mine, 1785—1822)[7]和理雅各(James Legge)[8];美国北长老会(American Presbyterian Board of Foreign Missions)的哈巴安德(A. P. Happer)[9]、合文、克陛存和其他几个知名传教士;但是,绝大多数印刷工只是短期从事这个领域的工作,而且他们依然在学习语言同时认识其他人。因此,花华圣经书房并未给很

多知名传教士提供帮助,相反他们通过《圣经》、传单和其他差会正在使印刷馆成为一家重要而有效率的代理公司。

然而,考虑到印刷馆起步时期所面临的困难,印书馆所取得的业绩还是挺令人羡慕的,其发展速度很快。从1847年印书馆的年度报告中,我们可以发现,当年印书馆印刷了52 734本不同的著作,总页数达1 819 092页。其中一些著作包括《张远两友相论》、《基督降世与死亡传》(The Advent and Death of Christ)、《耶稣传》(The Religion of Jesus)、关于路加的评论、各类《圣经》节选、关于地理初级知识的著述和有关安息日、鸦片、赌博、十诫、上帝真谛等话题的传单。

花华圣经书房快速增长的印刷量对于印刷工而言肯定是一件令人惊喜的事情,我们发现他们记录了这样的观念:"到了这个国家更加开放地接受福音惠泽之时,在华布道者的声音将会响彻中华大地的每个城市和乡村,而这些一向沉默的福音使者必定成为指导人们生活方式的唯一指南和警示其面临危险的唯一灯塔。"

由于预料之中的失误都出现了,而且令人担忧的事情时常发生,一次最伟大的尝试与柯理先生在1847年8月的辞职或者被解雇密切相关。露密士(Loomis)[10]先生被任命为出版委员会主席,长老会要求他监管印刷所的建设。差会也做出决定:要求麦嘉缔培端尽可能地把时间和精力投入印书馆的工作,与他担任的其他工作协调好,取得有关印刷艺术的相关知识并帮助印刷馆的管理工作。在那些日子里,差会还找来施惠廉(Speer)[11]先生帮忙,从相关文献中我们可以了解到他曾经在两年中花费相当多的时间来学习有关印刷术的知识。然而,有论述表明,施惠廉最终未能来宁波。

通过上帝的监管,这项工作并没有被搁置,我们从1848年的年度报告中可以发现这一点,"缺乏有实际经验的印刷工,我们依赖最多的两名工人先后被差会免职,而缺少了这些人员,印刷所的工作可以说基本无法展开,然而印刷所不断地迁址,依然像一年前那样运行着"。在谈及印刷所被剥夺的其他资源之外,我们发现了年度报告所记录的某些最值得注意的陈述:"此外,这些变化极大地减少了花华圣经书房的运行成本,而花华圣经书房所印刷的作品页数比去年多得多。"在1848年,印刷所平均每天印刷13 314页,按照当年300个工作日来计算,印刷所印刷的书刊总数为164 893卷。所接收的业务开支超过591.11美元。

关于散布这些小册子的方法,似乎在每艘即将起航的轮船都会捎带上精选的小册子和节选经文的包裹,要求船上的人员将这些宣传品散发出去,即当他们到达目的地港口时把这些宣传品提供给读者。其中的很多宣传品包裹由负责的船员发放,他们之前曾经在传教站诊所领取过药物并接受过治疗,他们乐意提供这些服务作为回报。通过这种方式,基督教的宣传品被散发到传教士从未到过或者联络过的国家和地区。从早期的记录中似乎可以看出,在某些情况下,当人们了解本地贸易商船的船长拥有这样的书籍时,他们就会蜂拥上船抢购般领取这些书。

在1849年,印刷业务似乎没有间断过。印刷所从柏林订购了一套新型活字,这套新活字加上戴尔的那套活字,构成了一套完整的活字印刷设备。由于负责印刷所工作的露密士先生离开了宁波,歌德（Coulter）[12]先生接任，监管这项工作。当年，印刷所印制了18种不同著作的75 850本书，总计1 724 700页。当年的开支为491.82美元，收入为288.19美元，亏空203.63美元。

在1850年，花华圣经书房书馆在歌德先生的监管下逐渐成长起来。期间，虽然印刷所只雇佣两名印刷工和三名排字工，但是他们印制了16种不同著作计66 400本书，总计大约三百多万页。然而，财政状况不是那么令人满意，因为当年的开支为725.53美元，而收入仅有332.25美元。由于购买石印印刷设备，当年印刷所进行了管理调整。

在以后的几年中，我们只发现有关花华圣经书房工作的模糊细节记录。当时太平天国运动已经爆发，在这个时期肯定发生了很多令人心烦的事情。1853年5月28日，在宁波传教站的召集会上，我们发现丁韪良（Rev. W. Martin）[13]牧师要求访问太平天国起义者，当时太平军已经占领了几座大城市，"传教士应该走进太平军中间，向他们讲授上帝传播福音的完美途径，而这项工作似乎很重要"。有关太平天国起义的另外一处文献记载是在1856年1月20日举行的会议备忘录中发现的，在"为搬迁做准备"（preparations for flight）的标题下，我们读到这样的内容："花华圣经书房监管会负责提供印刷所和图书馆所有的印刷机、打字机和其他有价值的物品之搬迁所用的箱子及其他必需品。"

然而，花华圣经书房好像在持续而默默地运行着。歌德先生继续负责印刷所的工作，直到1853年他因身体欠佳而被迫辞职。祎理哲（Rev. R. Q. Way）[14]牧师接替歌德先生掌管印刷所的工作。

由于"过去没有尝试过这样的事务并缺乏技巧",其自然的结果是导致印刷所效率低下。尽管如此,我们发现,花华圣经书房出版了82 000卷书,总计2 800 000页。印刷所也开始采用罗马化注音口语来印制作品,罗马化注音口语版本《路加福音》(Gospel of Luke)在1853年出版发行。

在1854年间,印刷所不同时期所雇用的工人的平均数量似乎有8名;印刷所印制了84 700本不同的书籍,总计4 012 800页。其中小册子或传单占较小比例,执行委员会曾经表达过这样的愿望:花华圣经书房应该致力于印制《旧约全书》的前五卷。1855年,花华圣经书房雇用了9名工人。当年,印刷所印制了112 018本书,共计4 602 018页。

在1857年,我们发现了印刷所如何采取措施使得一个中国本土人团队聚合起来的简略记录,其中一些中国人被洗礼并定期参加牧师或者监督者给予的教导。在相关记录中也发现了印刷所雇佣正在学校接受教育的学生的情况,其中一名年轻人由于过着基督徒的生活而失去了工作,他后来被印刷所雇用。当年,印刷所印制了110 800本书,总计达4 505 600页。

随着花华圣经书房的发展和时间流逝,其实力日益得到信任,人们也越发认识到它作为少数传教士在成千上万的中国人中间传播传教士思想之代理机构的重要性。在1858年,由于几个条约的签订和实施,中华帝国对于国外和本土传教士的巡游更加开放。印刷所的产品作为真理的贮藏室能够存放在中国大地的各个角落,而巡回的福音传教士只能做出一个简单的福音宣告。考虑到发行领域的迅速扩展，这里要感恩 1858 年印刷所印刷的 6 175 460 页出版物。然而，印刷所将很快进入一个更加崭新和有效的发展阶段，我们将留在下一章介绍这些内容。

注释

[1] 卫三畏（Samuel Wells Williams，1812—1884），又称卫廉士，19世纪美国遣华传教士、汉学家、语言学家，有美国"汉学之父"之称。1833 年 6 月 15 日受美国公理会差会派遣，前往中国广州，负责印刷。从 1848 年到 1851 年编辑《中国丛报》。1853 年作为翻译参加了马休·佩里远征日本的行动。1855 年任美国驻华专员署（广州）秘书，次年完成英粤字典《英华分韵撮要》。第二次鸦片战争时期任中美谈判签订《天津条约》的美方副代表，要求中国对基督徒宽容。1860 年任美国驻华公使馆（北京）临时代办，1876 年 10 月 25 日退休。1877 年返回美国，任耶鲁大学汉学教授，成为美国第一位汉学教授。1881 年 2 月 3 日担任美国圣经公会主席。1884 年 2 月 16 日病逝。著有《中国总论》(The Middle Kingdom)、《拾级大成》(Eassy Lessons in Chinese)。1875 年在中国将《圣经·创世纪》和《圣经·马太福音》翻译成日文，但尚未出版，手稿被烧毁。——译注

[2] 波乃耶（J. Dyer Ball，1847—1919），美国公理会来华传教士。著有《中国风土人民事物记》(Things Chinese)等。——译注

[3] 罗啻（Elihu Doty，1809—1864），美国美部会、归正会（Dutch

Reformed Church in America）遣华传教士。受美部会委派，1836 年 6 月初与夫人克拉丽莎·D. 艾克理（Clarissa D. Ackley）一起离开纽约到中国人中间传教，9 月抵达巴达维亚。罗啻在此居住期间学习了福建方言。他在新加坡度过了 1838 年的秋天。为了进行一次考察性的传教之旅，该年 10 月 15 日他和博曼牧师（Rev. W. J. Pohlman）一起乘坐本地纵帆船前往婆罗洲的三发，30 日到达该港。他们经历了一场乏味而辛苦的旅程后，终于穿越该岛，于 11 月 24 日抵达坤甸。在那里得知有一艘船即将出发前往新加坡，于是乘上这艘船，27 日启程离开。第二年，荷兰殖民政府批准罗啻在坤甸建立教会学校和传教站，于是他再次前往坤甸并在当地居住了下来。1844 年夏天移居厦门，6 月 22 日抵达该地。1845 年 10 月 5 日，罗啻夫人去世，留下了两个女儿。11 月 12 日，罗啻带着女儿离开厦门，年底从香港启程回国，1846 年上半年抵达美国。罗啻在美国期间再婚，1847 年 8 月同夫人回到厦门。然而，十年多以后他又一次成为鳏夫（罗啻夫人在 1858 年 2 月 28 日去世）。这一年，他解除了同美部会的关系，转而成为美国归正教会的代理人。1861 年，罗啻回国后不久同麦利和牧师（Rev. R. S. Maclay）一起返回中国，并再次定居厦门。长时间的工作令他精疲力竭，1864 年底时，他认为有必要再次休假，于是离开厦门前往香港，不久后在那里登船返美。在船到达纽约的五天前，他就在途中去世了。罗啻先生的中文作品有《乡训十三则》（厦门，1854）、《约翰传福音书》（*Iok häm thoan hok im su*，与杨一起翻译）、《婆罗洲游记》（与博曼合译）；英文作品有《一位在华美国传教士关于"Elohim"和"Theos"正确中文译名的一些想法》（*Some Thoughts on the Proper Term, to be Employed to Translate Elohim and Theos, into Chinese: by an American*

Missionary in China)、《翻译英华厦腔语汇》(Anglo-Chinese Manual with Romanized Colloquial in the Amoy Dialect)(广州,1853)等〔根据[英]伟烈亚力(Alexander Wylie)《1867年以前来华基督教传教士列传及著作目录》(Memorials of Protestant Missionaries to the Chinese: Giving a List of their Publications and Obituary Notices of the Deceased,广西师范大学出版社,2011年,第102—104页)的记录整理〕。——译注

[4]裨治文(Elijah Coleman Bridgman,1801—1861),美国公理会遣华传教士。1829年10月14日自纽约登船绕过南美洲的崎角到中国传教,是第一位来华的美国传教士。主要从事组织、教学和翻译工作。在华工作30年,1861年11月在上海逝世。1832年,创办英文报刊《中国丛报》,自任总主笔,直到1847年。1844年美国专使顾圣与中国全权代表订立中美《望厦条约》时,他和伯驾任翻译。他也是西方近代第一位汉学家,以真理和科学的智慧启迪中国社会。妻子伊丽莎(Eliza J.Gillett Bridgman)于1850年在上海创立裨文女塾,是中国第一所女校,开中国女子受学校教育的先河。裨治文夫妇被誉为沟通中西文化的"造桥人"(Bridge-Man)。——译注

[5]裨雅各(James Granger Bridgman,1820—1850),美国公理会遣华传教士,裨治文的本家。出生于马萨诸塞州阿默斯特,1844年2月19日到达香港,第二年移居广州。他继裨治文为《中国丛报》总主笔,在职一年半,1850年底病逝。曾把马若瑟(Prémare)的拉丁文《中国语文札记》(Notitia Linguae Sinicae)译成英文,于1847年在广州出版。——译注

[6]麦都思(Walter Henry Medhurst,1796—1857),英国伦敦布道会遣华传教士。1796年4月29日出生于伦敦。1817年6月12日抵达马六

甲，接手米怜在印刷所的工作。1819年春季造访槟榔屿，在那里分发传单、建立学校。1819年4月27日在马六甲被按立为牧师，1820年年末再次来到槟榔屿传教。一年后前往巴达维亚，在当地建立了宣教会的各种分支机构。1828年8月22日乘坐一艘中国帆船前往马来半岛寻找汤雅各（Rev. Jacob Tomlin）和郭实腊，无果，又前往婆罗洲考察华人聚居地。1829年11月14日和汤雅各牧师一起从巴达维亚沿着爪哇的东北海岸航行直至巴厘岛。在他的努力下，1833年用来收养和教育教徒孩子的巴达维亚帕拉帕特恩（Parapattan）孤儿院成立。1835年7月21日到广州考察。为了探知在中国分发传单和传教的可能性，他与斯梯文司牧师（Rev. E. Stevens）于8月26日起乘船考察中国沿海地区。9月来到山东半岛的北部。返程途中，造访了上海、普陀山等地，10月31日抵达伶仃洋的锚地，旋即返回巴达维亚。《中英条约》从1843年起正式生效，麦都思在上级的鼓励下与伦敦会同人一起参加了8月在香港召开的会议，同时还参加了8月22日至9月4日召开的关于《圣经》翻译工作的传教士大会。12月中旬，他和同事雒魏林（Mr. W. Lockhart）医生一起定居上海。这一年，美国的一所大学授予他神学博士学位。此后，他一直住在上海，偶尔也到中国其他地方旅行。1856年9月10日离开上海，于1857年1月21日回到英国，24日病逝于伦敦。麦都思系中国第一个近代出版机构——墨海书馆的创办者，著有《汉语福建方言字典》《地理便童略传》《东西史记和合》《中国的现状和未来》（China: Its State and Prospect）和《自然问答集》（Catechism of Nature）等中文、英文、马来文著作近百部〔根据[英]伟烈亚力（Alexander Wylie）《1867年以前来华基督教传教士列传及著作目录》（Memorials of Protestant Missionaries to the Chinese: Giving a

List of their Publications and Obituary Notices of the Deceased,广西师范大学出版社,2011年,第32—47页)的记录整理]。——译注

[7] 米怜(William Mine, 1785—1822),苏格兰来华传教士。1812年7月被按立为牧师,并被派往异教徒中传教。神职授予仪式后一个月,与夫人雷切尔(Rachel)乘船从朴茨茅斯出发,1813年7月4日到澳门,三天后遭到澳门当局的驱逐。于是,他前往广州,在那里专心学习汉语。在马礼逊博士的建议和帮助下,6个月后离开广州前往爪哇和南洋群岛上的华人聚居地,在那里派发书籍和宣传单。1814年9月5日返回广州。1815年春季到马六甲建立传教点、兴办学校、讲经布道、筹备和出版传教刊物。1816年1月到槟榔屿考察,在当地建立一家印刷所。在生命的最后几年中,他将大部分时间献给了由他担任校长的英华书院。1815—1821年,在马六甲创办了中国近代第一份中文报刊《察世俗每月统记传》,1817—1822年在马六甲创办英文季刊《印支搜闻》(*The Indo-Chinese Gleaner*),著有《全地万国纪略》、《乡训五十二则》、《圣谕广训》(*The Sacred Edict*)等中英文书籍。——译注

[8] 理雅各(James Legge, 1814—1897),英国汉学家,生于苏格兰。1839年被伦敦布道会派往马六甲任英华书院院长,1843年随该院前往香港,1873年返英。1875年牛津大学特别为他设立汉文讲座,理氏在那里执教一直到去世。在香港期间,他在大鸦片贩子查顿、颠地等的经济支持下,又得王韬的帮助,把中国的"四书""五经"译成英文《中国经书》(*The Chinese Classics*),迄今依然被认为是标准的译本,这是他对西方汉学的重要贡献。理雅各关于中国的著作有《中国人关于神鬼的概念》(*The Notions of the Chinese concerning God and Spirits*)(1852)、《孔子的生平

和学说》(The Life and Teaching of Confucius)(1867)、《孟子的生平和学说》(The Life and Teaching of Mencius)(1875)、《中国的宗教、儒教和道教评述及其同基督教的比较》(The Religious of China: Confucianism and Taoism Described and Compared with Christianity)(1880)等〔根据《近代来华外国人名词典》(中国社会科学出版社,1981年,第282—283页)内容整理〕。——译注

[9] 哈巴安德（Andrew Patton Happer, 1818—1894），美国北长老会传教士。1844年毕业于宾夕法尼亚医学院，同年来华，先在澳门传教，1847年到广州居住。除了行医之外，还兼讲道和教学。1854年传教医师嘉约翰来广州后，他停止行医，仍继续牧师和教育活动。哈氏曾协助裨治文和克陛存翻译并修订《圣经》，还把《新约》译成粤语。1844年回美国，募款十万美元。1887年回广州创立格致书院（岭南学堂）(The Canton Christian College)，自任监督。1891年因病返美。1880—1884年一度任《教务杂志》总编辑。著有《北京访问记》(A visit to Peking, with some Notices of the Imperial Worship at the Altars of Heaven, Earth, Sun, Moon and the Gods of the Grain and the Land)(1879)等〔根据《近代来华外国人名词典》(中国社会科学出版社,1981年,第191页)内容整理〕。——译注

[10] 露密士（August Ward Loomis, 1816—1891），美国长老会遣华传教士。在美国被按立为牧师后，长老会派其前往中国传教。1844年6月22日，露密士夫妇和同一差会的卢壹、哈巴安德以及克陛存一起乘坐"科荷达号"离开美国，10月22日抵达澳门。次年2月20日，和克陛存以及玛高温在香港乘坐"伊莎贝拉·安娜号"出发，经过了38天的

航行后,于 3 月 30 日抵达舟山的定海。露密士在舟山安顿下来,并开始在此传教。1846 年 8 月 4 日,即英军撤离该地后不久,当地人以地震警报为借口迫使他离开,于是前往宁波。由于身体欠佳,在舟山待了数月后,和夫人一起于 1849 年 10 月起程返回美国。在家乡住了相当长一段时间后,前往加利福尼亚,在当地的中国人中传教。英文作品有《学会说不》(*Learn to say No*)、《舟山风光及传教工作》(*Scenes in Chusan, or Missionary Labours by the Way*)、《怎样幸福地死去》(*How to die Happy*)、《印第安纳州风光》(*Scenes in the Indiana country*)等〔根据[英]伟烈亚力(Alexander Wylie)《1867 年以前来华基督教传教士列传及著作目录》(*Memorials of Protestant Missionaries to the Chinese: Giving a List of their Publications and Obituary Notices of the Deceased*)(广西师范大学出版社,2011 年,第 153—154 页)的记录整理〕。——译注

[11] 施惠廉(William Speer, 1822—1904),美国长老会遣华传教士医师。曾在费城杰弗逊学院学习医学,1842 年获得医学博士学位。毕业后在威尔士医院担任住院医生,并同宾夕法尼亚州匹兹堡的亚历山大·布瑞克瑞奇(Alexander Breckenridge)的女儿科妮莉亚(Cornelia)结婚。后来进入阿里范尼(Alleghany)神学院接受牧师职业的培训。被按立为牧师后,施惠廉夫妇于 1846 年 7 月 20 日乘坐"格拉夫顿号"(Grafton)轮船离开纽约,12 月 27 日到达澳门。1847 年 4 月 11 日,施惠廉夫人在澳门去世,遗体被埋葬在当地新教公墓中。此后不久,施惠廉先生移居广州,在广州组织了第一座长老会的教堂。1850 年回国,在旧金山华侨中传教,设立美国西海岸第一座华人教堂。1857 年因肺部出血停止工作,此后在明尼苏达州定居。其孙女桑美德曾任燕京大学女学部主任多年。施

惠廉著有《旧金山华商对于地方长官比尔戈的信件以及一些普遍反对声的回应》(Remarks of the Chinese Merchants of San Francisco, upon Governor Bigler's Message, and some common Objections)(旧金山,1855)、《代表中华帝国在美侨民向加利福尼亚州立法机关提出的谦卑请求》(An Humble Plea, addressed to the Legislature of California, in behalf of the Immigrants from the Empire of China to this State)(旧金山,1856)、《最古老和最新的帝国：中国和美国》(The Oldest and the Newest Empire: China and the United States)(1871)等〔根据《近代来华外国人名词典》(中国社会科学出版社,1981年,第451—452页)内容和伟烈亚力(Alexander Wylie)《1867年以前来华基督教传教士列传及著作目录》(Memorials of Protestant Missionaries to the Chinese: Giving a List of their Publications and Obituary Notices of the Deceased)(广西师范大学出版社,2011年,第161—162页)的记录整理〕。——译注

[12] 歌德(Moses Stanley Coulter, 1824—1852)，美国长老会遣华传教士。1824年5月30日出生在美国弗吉尼亚州的布鲁克县，后随父母迁居伊利诺斯州，16岁时成为长老会的一员。1848年7月从印第安纳州的汉诺威学院毕业。此时长老会邀请他前往宁波负责差会在当地的印刷所，歌德经过深思熟虑后，表示同意前往。1849年1月1日，他同汉诺威学院院长的女儿卡罗琳·伊斯特·克劳结婚，2月24日同夫人乘坐"撒母耳·罗素号"(S R)启程前往中国。在香港和广州停留数周后，继续北上，于8月24日抵达派驻地宁波。除了担任印刷所监督外，歌德还学习神学和中文，然而尚未着手工作，他就开始发烧并长期腹泻，后发展为痢疾。1852年10月前往上海，后听人劝告打算从上海启程返美。当他返

回宁波准备回国事宜时,再度染病,于12月12日去世。不久之后,歌德夫人带着孩子们返回美国〔伟烈亚力(Alexander Wylie)《1867年以前来华基督教传教士列传及著作目录》(Memorials of Protestant Missionaries to the Chinese: Giving a List of their Publications and Obituary Notices of the Deceased,广西师范大学出版社,2011年,第203页〕。——译注

[13] 丁韪良(William Alexander Parsons Martin, 1827—1916),字冠西,美国北长老会教士。1850年来华,1850—1860年期间在宁波传教。1858年任美国首任驻华公使卫廉的翻译,参与起草在天津与中国全权代表签订的《中美和好条约》(《天津条约》)。1863年由宁波调往北京传教。1869年经赫德推荐就任同文馆总教习,兼教授国际公法,直到1894年,在职25年。1898年京师大学堂成立,丁氏被聘为总教习。1900年夏义和团运动发生时,他避居东交民巷。后来一度返美,旋即应张之洞之聘在武昌筹备建立大学,尚未就绪,因张内调而罢。1908年,丁氏复回北京从事传教及著述。1916年12月死于北京。主要中文著(译)作有:《万国公法》(International Law)(北京,1864)、《天道溯原》(宁波,1854)、《喻道传》(宁波,1858)等;英文著作有《中国人:他们的教育、哲学和文字》(The Chinese: Their Education, Philosophy and Letters)(1876)、《花甲忆记》(A Cycle of Cathay: or, China, South and North, with Personal Reminiscences)(1896)、《北京被围:中国对抗全世界》(The Siege in Peking: China against the World)(1900)、《中国知识》(The Lore of Cathay, or, The Intellect of China)(1901)、《中国的觉醒》(The Awakening of China)(1907)等〔根据《近代来华外国人名词典》(中国社会科学出版社,1981年第313—314页)的内容整理〕。——译注

[14] 祎理哲（Richard Quanter Way, 1819—1895），美国北长老会遣华教士。1819 年 12 月出生于美国乔治亚州的利柏提县。1843 年被任命为牧师，并同卦德明牧师（Rev. J. Quarterman）的妹妹苏珊·卡罗琳·考特曼（Susan Caroline Quarterman）结婚。1843 年获准加入长老会后，于 1844 年 7 月到达澳门。8 月 27 日离开澳门到舟山，前往派驻地宁波，11 月 6 日抵达宁波。除了从事牧师的工作外，还在 1845 年至 1852 年间负责管理差会的男子寄宿学校。1853 年，祎理哲夫人因身体欠佳，不得不带着孩子回了美国，1854 年夏天回到宁波。1856 年 1 月 23 日，祎理哲离开宁波前往福州，2 月 12 日与摩怜牧师（Rev. C. C. Baldwin）一起走陆路返回宁波，27 日抵达。1853 年至 1858 年间担任差会印刷所监督。由于患上支气管疾病并且健康情况变差，1859 年带全家返回美国，不再从事传教工作。1861 年在美国主管一所学校，向黑人布道。中文作品有《地球图说》（宁波，1848）、《耶稣门徒金针》（宁波，1856）等〔根据《近代来华外国人名词典》（中国社会科学出版社，1981 年）第 501—502 页内容和伟烈亚力（Alexander Wylie）《1867 年以前来华基督教传教士列传及著作目录》（*Memorials of Protestant Missionaries to the Chinese: Giving a List of their Publications and Obituary Notices of the Deceased*，广西师范大学出版社，2011 年）第 144—145 页的记录整理〕。——译注

第三章

1858—1894 美华书馆

1858年10月,姜别利(William Gamble)[1]被派遣来负责印刷所的工作。尽管传教士圈内有关姜别利的情况相对了解或者说耳闻不多,但是他的确为所有传教士印刷所,特别是美华书馆做了些工作,其贡献很难如传教年度报告或者印刷术发展史中所记录的那般。姜别利有两项发明创造——汉字电镀字模[2]和现在通用的汉字活字分格盘,加上他杰出的才能、坚忍不拔的毅力、永不言败的耐心和真诚的传教精神,他成功地促进了美华书馆的发展,使美华书馆从幼小迅速地成长为一个庞大的代理机构,为在华基督教事业做出了巨大的成绩。考虑到我们应该在多大程度上感谢这位谦逊的技工,我们将提供一些有关其生活和工作的事实。

姜别利出生在一个传统的爱尔兰家族,这个家族以为爱尔兰和美国的长老会教堂培育了很多精干的牧师而著称。姜别利早年移民到美国,在费城一家大型出版公司找到了合适的活儿并得到培训。

此后，他进入纽约圣经堂（the Bible House）工作，最终在经历了重重困难而刻苦学习之后，离开了美国到宁波监管美华书馆的工作。姜别利到宁波时带来了新的活字、字模和铸造活字的机器，而由于印刷所安排了新的房间，整个面貌焕然一新。从1859年印刷所发行7 398 560页的业绩中可以认识到实现其期望之目标的可能性。

在下一年，姜别利采纳新计划来制造铸造活字的字模。首先，刻字工用像木匣子这样合适的材料雕刻出字种，然后将该字种进行电镀处理或者通过蜡质字模的媒介加以处理。处理后的字种通过含有铜液的物质嵌入模芯中。几天后，当铜芯足以厚实的时候，铜芯就被修饰并固定在黄铜架上。由于铜芯放置了足够长的时间，足够厚的铜芯去掉多余的部分就可打磨出普通字模的外形。通过这样的程序，可以铸造更多的字模，拥有中国人称赞的更多的优美字体，而这些是冲压金属字模无法完成的。

汉字活字分格盘的发明和应用也要感谢姜别利牧师。这种活字分格盘根据汉字的偏旁和部首进行排布，现在普遍应用于中文印刷所中。为了有助于更好地理解其结构，我们拍摄并复制了最常用于摄影目的的活字分格盘之一。为了不让我们家乡读者中有人对于大量字模设备感到惊讶，我们已经更加详尽地解释了，根据《康熙字典》(Kanghi's Dictionary)的记录，汉字总计有40 919个。大约60 000个汉字就足够一家普通传教士印刷所使用，而在中文语音的应用中，存在大量的同义语。然而，对于一家杂志而言，由于它要刊登不同的话题，8 000个到10 000个汉字是必需的。有些活字分格盘的不同规格旨在用于满足不同的需求，这正应了那句老话——"随机应变"。

图 2：汉字排版

马约翰（J. H. Mateer）[3]在《美华书馆所使用的活字汉字表》（*List of Chinese Characters in the Fonts of the Presbyterian Mission Press*）的序言中提供了有关姜别利改进汉字字模和活字分格盘之精心调查的有趣记录。他说："为了确定普遍使用的，尤其是在基督教书籍中汉字字模有多少并改进汉字字模排版，圣经堂的姜别利先生进行了这次考察，而这家印刷所印刷了 27 本书，共计 4 166 页（八开）。在这些书籍中，所使用的汉字累积超过 110 万个，但是仅有 5 150 个不同汉字。香港伦敦布道会的汉字活字表在此基础上增加了 850 个，共有 6 000 个汉字（汉字活字自此增加到 6 664 个）。

这里要增加的有趣细节是,《圣经》中包含的汉字共有 676 827 个,仅有 4 141 个不同的汉字。在《旧约》中发现了 503 663 个不同类型的汉字;在《新约》中,2 713 种不同类型的汉字共计 173 164 个。姜别利根据其使用频率将这 6 000 个汉字分为 15 组;在 28 卷书中,13 个汉字中每个字出现的频率超过 1 万次,224 个字中每个字出现的频率超过 1 000 次,等等;3 715 个汉字每个字的出现频率都不超过 25 次"。除了这 3 715 个汉字,马约翰在出版的第四个活字表中根据部首偏旁,将剩下的 2 285 个汉字编排在标示姜别利所调查的 28 卷书中每个汉字出现次数的一面。如此,汉字的相对使用频率就弄清楚了,这对于以后的所有印刷工而言都是大有裨益的。

  姜别利在认识到上海作为商业和福音传播中心之重要位置之前一直没有处于工作状态,"他的本能愿望是以极小的努力而得到最大收获,在中国心脏地区传播福音,这促使他选择上海作为其展开阶段性工作的基地,当时他身边的几位传教士已经能够预见未来上海的重要性"。除了上海的优势之外,姜别利在宁波购买印刷机所需器材和推进不同差会的书籍和宣传品出版方面经历了诸多困难。

  执行委员会得到了购买毗邻上海差会一座房屋的一栋小建筑物的准许,这次交易在 1860 年 12 月完成。投入使用的印刷机有 5 台,它们完全可以印刷每年发行 1 100 万页的出版物。印刷所迁往上海的原因是这里英语印刷物需求的显著增加,为了满足这种需求,就要从国内带来铅字活字。我们为两套新的汉字铅字活字和一套小型日文铅字活字准备了字模。

由于起初的房屋对于印刷所工作而言空间明显狭窄，两位友人为印刷所提供了更大的厂房和驻地，为此美华书馆在1862年再次搬迁。印刷所的设备又增添了一台滚筒印刷机，更加宽敞的厂房、更好的机器和日益增加的活字供应等优势，使得大约一年后印刷所印制量达到近1 400万页。

美华书馆的发展过程中必须提到姜别利先生不可思议的能量。他亲自仔细关注工作中最细微的细节，指导工人并支付他们薪水，购买新材料并寄送印刷品，制作财务报表并与世界各地联络，他肯定采纳了完美的方法并富有与生俱来的稀少耐性。下面的赞辞就是最好的明证："后来，在中国各地出现了属于不同差会和公司的各种印刷设备，但是对于某个印刷机或者所有的印刷机而言，它们的建立确实而且将永远感谢这位汉字印刷技术发展的伟大开拓者，我们很赞同在姜别利葬礼上布道辞中的陈述：'一个世纪以来，在中国或者日本国，没有哪一本《圣经》、基督或者科学书籍不是从姜别利先生手中问世的。'我们发现，他从来没有凭借所做过的如此勇敢的事迹而诉求功名或者名誉，而这只能增强这位伟大人物的声望。"

我们取得的有关姜别利先生生平和工作的详细情节可能与麦嘉缔培端博士提供的某些札记有密切关系。"姜别利先生引进了电镀活字字模铸造法，而且他在1869年引进日本一套小型铅字活字之后又引入中国。他非常具有独创性，成功地制造了印刷机。当他回到美国时，在设菲尔德科学院（Sheffield Scientific School）学习，耶鲁学院授予他名誉文学硕士学位。他学习过药学，在巴黎度过了一段时间,在费城结婚,最终大约在1886年死于宾夕法尼亚州某地他自己的农场里。我希望你能够公正地看待姜别利先生。"

从上文的记述中,我们可以看到姜别利先生于1869年离开中国到日本。由于惠志德(J. Wherry)[4]牧师(现在居住北京)的帮助,姜别利先生取得了成功;几年来,惠志德一直帮助姜别利校对文稿并修订宣传品。惠志德于1870年再次搬迁到芝罘(烟台),由于惠志德的家人有病,后来巴特勒(Rev. J. Butler)牧师暂时接管了惠志德的工作。他再次在狄考文(Rev. C. W. Mateer)[5]牧师的帮助下取得了成功,直到1871年夏天马蒂尔从美国来到上海,接管了印刷所的管理工作。来自这个可尊敬家庭的两位具有实际经验和敬业精神的成员恰好在美华书馆发展的关键时期与其建立了密切联系。印刷所的房屋及其基础设施再次显得狭小,容纳不下工作所需的设备和人员,但是由于大家能够采纳并调整自身以适应大的发展计划,美华书馆的旧有房屋被卖掉,并于1875年购置而拥有了现在所占用的房屋。正门面貌的照片显示了房屋的大致轮廓。后排的建筑物是铸工车间、书刊装订车间、纸张与书籍贮藏室等。下一章会讲到这些内容。

1876年5月,马蒂尔先生由于身体欠佳回国,霍尔特(Rev. W. S. Holt)牧师接管了美华书馆的工作。不幸的是,一场突如其来的大病迫使霍尔特先生于1881年8月回国休假。在霍尔特回国休假期间,费启鸿牧师接管了印刷所的工作,戈登(A. Gordon)先生作为其助手。戈登由教会人员推荐给美华书馆,加盟其团队,旨在接管英语印刷部和铸工车间的管理工作。

在陈述美华书馆的逐步发展过程中，我们可能注意到，在1882年2月4日至7日上海举行的年度会议报告中显示的上一年数字表明，印刷所为英国和国外圣经协会（British and Foreign Bible Society）印制了1 292 900页印刷品；为美国圣经协会（American Bible Society）印制了7 234 550页；印刷所自筹资金印制了2 573 000页宣传单和小册子等。同年，在美华书馆组织的第二届上海长老会秋天传教会议上，17位成员和3名长老得到长老会的邀请。

同年11月，霍尔特携家眷回国，他的身体状况每况愈下，导致他于1884年10月返回美国。神学博士范约翰（J. M. W. Farnham）[6]牧师继任霍尔特而掌管美华书馆，范约翰任职过程中不同时期的助理有高学海（Rev. J. E. Cardwell）[7]牧师和詹姆斯·达尔齐尔（James Dalziel）牧师。1888年，费启鸿牧师接管美华书馆，两年后本书编纂者金多士于1891年5月被邀加盟长老会，担任费启鸿牧师的助手；在华美华书馆5年的阅历使作者能够衷心地欣赏和真切地敬慕曾经在美华书馆工作和为其做出贡献的所有朋友。

注释

[1] 姜别利（William Gamble, 1830—1886），美籍爱尔兰人，美国北长老会遣华传教士，曾任上海美华书馆馆主，对中国汉字铸造技术做出了重要贡献。1858年6月13日抵达香港，继而前往宁波接管印刷业务。1861

年他将印刷所迁至上海，并在此地继续开展工作。1859年在宁波创制电镀字模。此方法乃先用黄杨木做字坯镌刻反体阳文，再镀制紫铜阴文，然后将紫铜正体阴文字模锯成单字，镶入黄铜壳子。此法不仅大大减少了镌刻工时，而且质量甚佳，即使蝇头小字，也能雕刻。此后，姜氏将汉字按照西文活字规格，制成七种不同大小的汉文活字，分别命名为一号"显"字，二号"明"字，三号"中"字，四号"行"字，五号"解"字，六号"注"字，七号"珍"字。由于这七种汉文铅字的大小分别等同于西文的七种铅字（字体高度为23.546mm、0.927英寸），从而解决了中西文的混排问题。1871年，姜别利回国。其英文作品有《〈圣经〉及其他二十七部书中所选汉字列表两份》(*Two Lists of Selected Characters, containing all in the Bible and Twenty seven other Books, With Introductory Remarks*)（上海，1861）、《美华书馆所使用的由柏林体拼合活字组合而成的汉字表》(*List of Chinese Characters formed by the Combination of the Divisible Type of the Berlin Font used at the Shanghai Mission Press of the Board of Foreign Mission of the Presbyterian Church in the United States of American*)（上海，1862）、《1864年中国新教差会统计》(*Statistics of Protestant Missions in China for* 1864)（上海，1865）等。——译注

[2] 字模亦称"铜模"。铅活字的模型、母体。一般是用铜制成的，字模的形状都是凹下的正字，往字模里浇铸熔化了的铅合金，冷却固化后铸成的铅字即凸起的文字。字模按照制造工艺的不同，可分为电镀字模、机刻字模和冲压字模三种。电镀字模是用人工雕刻或机器铸出的铅活字为字种，用电镀的方法制成凹进的模芯，将模芯修整后镶在黄铜的模上。——译注

[3] 马约翰（J. H. Mateer），又译为马蒂尔、约翰·赫，美国公理会教

士。1894年继韩菲桌负责北京公理会印书局。义和团运动时书局被毁，马氏身死〔根据《近代来华外国人名词典》(中国社会科学出版社，1981年) 第316页内容整理〕。——译注

[4] 惠志德 (John Wherry, 1837—1918), 美国北长老会教士。1864年11月19日与夫人来到上海。后来在北京长老会任职。死于北京。曾与北京公理会教士谢卫楼等合作修订《新约深文》, 著有《姜别利传略》(Sketch of William Gamble)。——译注

[5] 狄考文 (Rev. Calvin Wilson Mateer, 1836—1908), 美国北长老会教士。1863年底他和夫人来到上海，之后于1864年1月8日抵达芝罘，后移居天津。狄考文曾在山东登州传教，1864年在登州设立文会馆。1908年死于青岛。狄考文精于数学，曾编著中国初办学校时所用的数学教材《笔算数学》《代数备旨》等，编有《官话课本》(A Course of Mandarin Lessons based on Idiom)。——译注

[6] 范约翰 (John Marshall Willoughby Farnham, 1829—1917), 苏格兰人，美国北长老会遣华传教士。1860年3月9日携夫人到达上海，任中国圣教书会秘书，还担任上海清心书院院长24年。在1890年上海召开的在华传教士大会上，提交了论文《论报刊》及其附录《中文报刊目录》(Essay on Periodical Literature, and List of Periodicals in the Chinese Language), 该目录是中国第一份系统记载早期中文报刊名录的材料。1891年创办《中西教会报》(Chinese Christian Review)。——译注

[7] 高学海 (John Edwin Cardwell, 1830—1918), 美国人，内地会传教士。1868年来华，在江西传教。后来在美国圣公会和广智会任职〔根据《近代来华外国人名词典》(中国社会科学出版社，1981年) 第72页的内容整理〕。——译注

第四章

1895 美华书馆

在上一章中,我们提到了美华书馆厂房的不同车间。读者可能有兴趣随同我们一起浏览美华书馆的设备和厂房。进入二楼的办公室,我们在右手边发现自身处于印刷所与外面世界联络的电话机、钟表、管道以及印刷所不同部门之间联系的信息员的包围中。这间办公室里摆放着费启鸿牧师的办公桌,上面堆满了来自中国各地的信件,实际上可以说是来自世界各地的信函。在另外一张办公桌上是要处理的作者呈交的有关印刷和出版事务的报告;第三张办公桌由一位中国助手占用,他被雇来处理与不同的中国人联系、美华书馆所发行外国杂志的记录以及协助书籍的存库和整理。

书库的主要部分在穿过走廊的房间,由下文所提及的卫养生(Williamson)[1]博士的亲戚韦雅各(James Williamson)[2]先生维护,他作为苏格兰长老会(Scotch Presbyterian Mission in China)派往中国的传教士工作已超过30年。在我们的底账上记录着一千余个名字，从事在中国人中间传道的几乎每个传教士和差会都以这种或者那种方式与美华书馆发生过财务交往。在同一间办公室里，马丁（R. F. Martins）在校对英文和罗马化拼音标注的汉语清样，这是一项要求极大耐心的工作，正如所有的活字排版都由中国排字工来完成一样。

与这个房间相邻的是汉字排字间。这个空旷的大厅是整个建筑物中最大的房间，充满了汉字活字分格盘（上一章已经提到其中的一副插图）。几部汉字活字分格盘被单独放置以备新型活字之用，为此专门制作了立体架，以确保活字分格盘的底架牢固。下面是目前在使用的汉字活字：

双 12 点活字（Double Pica）[3]。

館 書 華 美

小号双 11 点活字（Double Small Pica）。

館 書 華 美 海 上

双行 8 点活字（Two-line Brevier）（相当于 6 号铅字）。

館 書 華 美 太 松 蘇

三行铅石体活字（4 1/2 点）（Three-line Diamond）。

館 書 華 美 國 中

小号 11 点活字（Small Pica）。

羅 書 種 各 西 中 印 代 館 書 華 美

8 点活字（Brevier）。

美華書館開設以來已有五十餘年

还有一套小字号红宝石活字，包括1 400个不同汉字。

上海美华馆北京话十八课

此外，这套日文活字被铸造而成并时而投入使用。

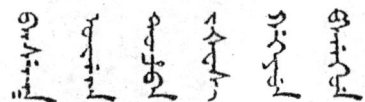

满文活字如下：

一套较大字号的满文活字在北京铸造并投入使用，其字模都被送往北京。

下面的满文字样本是用这套活字铅版印制而成的。

下面的汉字的规格各不相同，也在这件排字房中使用。

第叙一二三四五六七八九十

这些活字表示章节的数字，现在像旁边的样本一样被单独铸造成活字断片，经常作为活字的样板。这将增加白色标记的数量而带来不便。

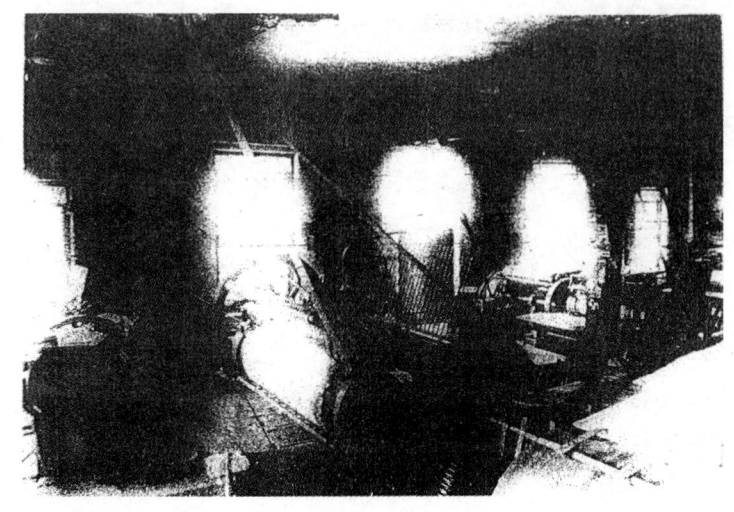

印刷车间

图解说明：印刷车间（可惜的是，这幅图拍摄得不太清晰，但它足以表明车间拥塞的状况。该车间放置了一架台板和四台滚筒印刷机。在角落，摆放着四台手动印刷机，照片上没有显示）。

另外一种活字是（▰▰），用于标示中文折叠活页封面的边界。

我们从汉字活字间辗转进入位于后楼上面一层灯光耀眼的英文活字间。这车间装备着英文活字，用于印制字典、词汇表、初级读本和其他有助于学习汉语的读物、罗马化注音的著作、传教和会议报告以及如下杂志：《教务杂志》(The Chinese Recorder and Missionary Journal)、《信使》(The Messenger)、《远东妇女工作》(Woman's Work in the Far East)、《中华医疗传教杂志》(The China Medical Missionary Journal)、《圣约翰之音》(St. John's Echo)。在罗马化拼音标注的著作中，我们已经拥有了诸如山东、北京、广州、宁波、上海、苏州和温州等地方言撰写的著作。

沿着楼梯而上，我们经过存放纸张、油墨等印刷材料的贮藏室，进入印刷车间。该车间位于主建筑物的较低层，并通过一架起重机与上面的汉字活字排版房间连接起来。在印刷车间，我们放置了4台滚筒式印刷机，1台压印盘和4台大型手工上墨印刷机。这5台印刷机由1台新型大马力的蒸汽机驱动。在最后几年中，印刷业务的数量使得印刷机超负荷运转，但是在印刷机以最大速度运行的过程中，其运作状态良好，需要精细维护以保证印刷品的质量。很多杂志和教材都有插图，在印制封面时需要细心。

美华书馆运行的这段时间内，插图制作方法取得了重大改进，这里插入两张图片可能不太合适，但这两张图片至少表明了制作插图方法的改进：

图4：我们的老照片之一

图5：最近的一幅插图

我们从印刷间走到了装订间。近年来,圣经协会(the Bible Society)采用外国的薄纸张印刷了大量《圣经》和部分经文诠释的书籍,这种纸张不透明,足以两面印刷文字。这自然为印刷间的印刷工带来了更多的工作量,因为工人要完成印刷、折叠和装订整理印刷品等工序。所有国外的杂志、小册子等都是在这里装订的;实际上,印刷间的工作压力如此之大,以至于一台水压印刷机都支撑不了一个月的印刷量。因此,满负荷的印刷机完成了全部的印刷品。

连接装订间的车间由两名木匠占用,他们的时间主要用来准备各种模板、垫板并制造立体架。获得专利的、可调控的新型模板就要制造出来了,一旦这种新型模板制作完成并投入使用的话,将减少木匠的工作量和他们为加工印刷机配件所消耗的时间。

立体架是在原厂房东端一间通风良好的长房间制作的。汉字活字也在这里铸造。铸造字模的过程已经在上一章中提及。活字由老工人和较新的活字铸造机制作而成。然而,较新的活字铸造机也会逐渐磨损,而新机器的购置是十分必要的。在过去的几年中,我们已经为北京、福州和宁波的差会铸造了活字。我们也为朝鲜的传教士印刷所准备了活字及其他必需的印刷设备,同时我们为柏林的德意志帝国印刷所(the German Imperial Printing Press)预备了一套三行铅石体活字。

走过主房后,我们进入书籍售卖房。在这里,1893年间卖出了159 970本书和237 912张宣传单,并被运到不同的目的地。

这间房也是买办或者出纳的办公室。罗昆东长老是我们以前的出纳,他于当年 4 月去世。他在同一个职位上工作了大约 20 年,期间成千上万美元经他的手,而他经办的财务中没有一美元出差错的。他突然被带回家面见父亲,令人欣喜的是,有记录记载:他突然被找回家,使他没有机会对财务进行整理,但人们后来发现他经手的账目准确有序。一位老先生当选新出纳,这位老先生被任命接管罗昆东长老留下的无一美元差错、无混淆和无担忧的职位。

图 6:罗昆东长老

我们现在雇佣的中国印刷工和排字工及其岗位分配如下：

英文排字间	13人（男）
汉字排字间	18人（男）
印刷间	22人（男）
铸造间	14人（男）
装订和印刷间	10人（男）
校对室	4人（男）
销售员和书库保管员	3人（男）
运输工	2人（男）
出纳	1人（男）
收账员	1人（男）
办公室助理	1人（男）
木匠	2人（男）
苦力	4人（男）
门卫	1人（男）
总计	96人（男）

这个工人和职员统计表中不包括30名中国装订工，而装订工没有固定的房间。

过去5年的印刷品如下：

经文	123 098 900页
宗教书籍和宣传品	43 897 295页
杂志	18 472 160页
日历和传单	1 615 740页

各类印刷品：医疗和教育类著作、字典、词汇表与其他工具书、报告等	} 14 497 654 页
总计	201 581 749 页

除了上述旨在表明美华书馆物质器材之富足的事实之外，这里还应该提到美华书馆员工精神风貌的成长及基督新教组织发展的情况。美华书馆几乎一半的员工是基督徒。其中几位是南盖特和虹口基督教长老会（South Gate and Hongkew Presbyterian Churches）的成员，其他的员工属于南浸礼会（Southern Baptist Mission）、美以美会（Methodist Episcopal Mission）、圣公会（Church Missionary Society），但是大部分员工是长老会成员或者与美化书馆有联系的长老会的支持者，本书第 25 页已提到长老会的形成。

基督教勉励会（Christian Endeavor Society）礼拜天的修行活动和礼拜四晚上的会议都得以顺利进行。在费启鸿夫人的精心培育和不断努力下，差会的女性及其邻居中间展开了一场有趣而令人鼓舞的工作。两年前，在监狱附近的一个人口稠密区开启了一个布道的场地。在这个小教堂定期举行修行和礼拜，大约 30 个到 40 个人参与。

在美华书馆，一所走读学校在教会委员会的照顾下经办了几年的时间。清朗的读书声或者甜美的合唱声经常萦绕在美华书馆的庭院之上，而各种机器的声音淹没其中。这所走读学校将在附近新开的小教堂里占有一间特定的房间，这间房子即可竣工。我们可能还必须提到的细节是，每天早上 7 点 30 分，在美华书馆的日常工作开始前,由大多数职员参与的早上祈祷活动准时举行,祈祷仪式采取合唱的方式,大家齐声诵读和解说经文并做祈祷。

注释

[1] 卫养生(James Williamson),中华传道会遣华传教士。1866 年 10 月 1 日到上海,不久后移居杭州。

[2] 韦雅各(James Williamson),伦敦会遣华传教士韦廉臣(Alexande Williamson)的弟弟,由伦敦会派往中国,他与夫人在 1863 年 12 月第一个星期抵达上海。数日后北上,在芝罘度过了冬天。1864 年春天移居天津。——译注

[3] Pica 指 11 点活字,相当于中国汉字新 4 号铅字。——译注

[4] Brevier 指 8 点活字,相当于 6 号铅字。——译注

第五章

在华其他传教士书局

我们记录着对主的感恩，在前述章节中，我们看到主是如何庇佑书局 25 周年大庆工作的。这渐变成一首更加欢快的赞歌，即我们所了解到的，同时代其他书局的建立与取得的成就，这些传教书局的数目和设备是如何得到扩充的。

在过去的五十年里，在华传教士的数目有了显著增加，在通往基督教文学的入口处，很多门已经打开了，一些门尚在打开。发展完备的教育体系的必要性，以及其他传教士劳力的要求，促使我们期待特定中介的相应发展，而这些机构被证明是我们势力扩展的关键环节。

在讲述这些书局之前，尽管新近书局的成立作为一个要紧事而更应先讲述，但我们还是先给出一些早期传教书局的细节。

美国公理会海外传道部书局

美国公理会差会（American Board Mission）于1831年运来一台印刷机，1832年这台机器在广州投入使用，由裨治文博士监管。裨治文博士同时着手准备《中国丛报》的出版工作。第二年该印刷机转手给从美国来华的卫三畏博士经营。

金属活字对快速、经济又看好的出版工作而言是必不可少的，这一点从出版事业伊始即显而易见，但由于缺乏必备的金属活字，显然只能用木雕版。1833年，裨治文博士的"登山布道"（Sermon on the Mount）木雕版被送往波士顿，在美国翻制成铅版后用铅版印刷成书。稍后，书局利用经戴尔先生不懈努力所冲制（穿孔切割的办法）而成的一副活字，而木雕印刷直到1854年依然被经常应用。

1858年的一场大火使广州的书局被毁，1868年该书局用获得的补偿金在北京重新开业。亨特（P. R. Hunt）先生一直管理着书局，直到1877逝世，接着由诺布尔（W. C. Noble）先生接任这项工作。诺布尔先生在六七年前离开书局回到美国后，白汉理（Blodget）[1]博士接管了书局。白汉理博士在美国公理会海外传道部最近的年度报告中，由衷地感谢亨特先生对于书局卓越的计划、管理以及对工人的培训；加上诺布尔先生引进的计件工作制度，使他能够在没有特别熟悉印刷技术人员帮助的情况下，将书局的印刷工作继续推向成功。去年，书局的印刷总量为1 702 760页。

我们与白汉理博士都希望，马约翰先生于1894年的到来，将为书局的印刷事业带来新的动力。他就是我们在本书第 24 页提到的马约翰（J. L. Mateer）。我们之所以为在华传教书局要求他重新出山而兴奋，就是因为我们深信已赢得如此盛誉的北京书局，将得到进一步的发展壮大，而其工作范围也会更广泛。

伦敦布道会书局

伦敦布道会书局由马礼逊博士和米怜博士于 1818 年前后在马六甲创办，后迁移至香港。该书局同时使用木雕版和金属活字，随后戴尔的冲制法让他们获得了更便宜而有效的字模。在离开美华书局后（详见原著第 14 页），柯理先生在 1852 年前一直主管伦敦布道会书局的铸造字模和印刷工作，其后由湛约翰（Chalmers）博士[2]接管。不久，一个曾到过美国并熟悉印刷工作的马礼逊的学生黄胜接管书局，他在湛约翰博士、理雅各博士、特纳（Turner）[3]博士和艾德（Eitel）[4]博士的领导下主持书局的工作，直到整个书局于 1879 年卖给中国的一家公司。

伦敦布道会在上海的书局继续印刷工作。神学博士慕维廉（Rev. William Muirhead）[5]牧师慷慨地为我们提供了如下材料：

上海伦敦布道会印刷所

教会创办的初期就把建立印刷所作为传教工作中必不可少的组成部分并做了安排。已故的麦都思博士作为一名熟练的印刷工，开始了这方面的一些工作,但直到 1847 年,教会派出伟烈亚力(Alexander Wylie, 1815—1887)[6]专门以此为目的,这项工作才得以真正展开,而且各种各样的具体工作都按照教会的要求进行。

我们在几年内完成了《新约全书》(New Testament)的修订本,即通常所称的"代表性《圣经》版本"(Delegate's Version),也就是在那段时间内我们获悉太平天国运动在中国内地发展起来,他们宣称要完成至高无上的基督教目标。这个前景在国内激发了很多人的兴趣,为了满足时代的需要,在已故约翰·安吉尔·詹姆斯(Rev. John Angell James)牧师非凡的努力下,有 100 万册《圣经》预订。为了完成这项任务,在英国和国外圣经会的提议下,几台大机器被运到上海,人们以牛车为运输工具来托运这些机器。原以为有了这些机器,这项任务就会更快地完成并使神圣的《圣经》有更大的发行量。机器安装后即可投入印刷工作,昼夜不停,几十万册《新约全书》在书局印刷并发送出去。但是,不久有人就发现,这些机器存在很大缺点:机器损害严重,运转情况不正常,印出的字迹模糊不清而难以辨认。不管这是出于何种原因,这批机器都被运回英国,继续采用当时的手摇印刷机。

从了解到关于太平天国运动的事情,到他们败迹的显露,我们发现并非像原来估计的那样急需印刷和发送上百万册《新约全书》。因此,根据当时的情形,印刷工作推进得很慢,加上时机还不适合,以后几年所完成的印刷品很少。

当上海美华书局成立时,我们认为圣经公会和布道会的出版工作能在那里完成。看来,我们可以解散自己的传教书局并转让印刷材料。很久以前，伟烈亚力先生就终止了与书局的关系，加入圣经公会成为其在华代表，继续从事发行工作，同时监管不同地方叫卖《圣经》的小贩。他坚持做这项工作达数年，据说期间他曾游历中国14个省份。当时，伦敦布道会书局已经关闭，让我们感到欣慰的是，美华书局充分地满足了我们之所需，并以最令人满意的方式为布道会、英国及海外圣经公会、宗教书社（Religious Tract Society）及其他组织提供了所需求的印刷品。

力为廉（Rev. H. W. Lacy）[7]牧师善意地为我们提供了如下在华传教书局的活动细节：

福州卫理公会主教团书局

有关福州卫理公会主教团书局的由来，霍尔特（Rev. H. S. Holt）牧师在1879年7—8月刊的《教务杂志》中写道：1859年，我收到了一封来自布道会前成员、医学博士、现任耶鲁大学教授怀德（Rev. M. C. White）[8]牧师的信。信中说布道会向美国圣经公会申请在福州开办书局和印刷材料，以出版中文《圣经》的事宜。这一提议十分及时，得到了布道会热情的赞同和准许。由于雕版印刷被证明是不如人意且累赘的，印刷所十分需要能灵巧而快速印刷的全套设备。但在这之前，一个出版委员会被指定用雕版印刷各式各样的书籍，诸如《摩西五经》（Pentateuch）、《马太福音》（Matthew）、《彼得和约翰福音》（Epistles of Peter and John），同时出版一家名为《福州月刊》的中文期刊。布道会随后任命保灵

（Baldwin）先生[9]和万为（Wentworth）先生[10]组成的委员会来申请开办书局以及必要的经费以继续推行这一计划。这项申请很快有了回应：圣经公会预付了用以出版《圣经》的运作经费，布道委员会则拨付了书局的建造资金并帮助购买铅字和印刷机。

1861年6月，神学博士万为牧师从福州来到香港，购买了一套中文活字并专门学习了排版技术。他离开了3个月，带回来一套从香港伦敦布道会书局购买的24点中文活字、一台华盛顿生产的荷牌印刷机及几套来自美国的英文活字。当年11月，整个工作从建造书局人员的住房开始。这是一所30英尺×60英尺的桁架结构的房屋，四周有院落，造价为400美元。1862年1月，一位广东籍包工头来到施工现场，建筑施工已大体完成。不久，书局便在万为博士的指导下开始工作。

1862年12月1日，富有印刷经验的保灵牧师接管了这项工作。这一年，书局又订购了一台荷牌手扳印刷机，下年书局为了印刷《新约全书》从香港弄到一副三线4点1/2字号的活字。1864年11月30日，书局第一期中文版《卫理公会月刊》（*Methodist Monthly Record*）出版。

1866年7月1日，裴来尔牧师（Rev. L. N. Wheeler）[11]被专门派遣到此地接管书局的工作。这一年，基顺（Gibson）博士[12]完成了《新约全书引介》（*Reference New Testament*）的编纂，书局开始用大字号印刷《新约全书》口语版。印刷机每天开工16个小时，一年累计印制近1 000万页。这一年的工作量之大，超过此前的任何一年，此后的18年中再也没有出现过。记载显示，书局每年的印刷量从 100 万页到 800 万页不等。1867 年 1 月，第一期《传教士记录报》（Missionary Recorder）出版。教会史中记载说，这是"教会指导下的一次出版尝试"。麦利和（R. S. Maclay）博士[13]、保灵牧师和裴来尔牧师组成了出版委员会，后者担任编辑。1868 年 5 月 16 日，《传教士记录报》作为《教务杂志》（The Chinese Recorder and Missionary Journal）的续刊出版，由保灵牧师编辑。同年，书局又印制了医学博士麦利和与摩怜（Rev. C. C. Baldwin）[14]牧师以福州方言编撰的《中国语言英文字母顺序字典》（The Alphabetic Dictionary of the Chinese Language）的头几百页。这本 1100 多页的巨著于两年后完成。

1869 年 1 月 30 日，裴来尔牧师离开福州前往北京开设新的布道会。鉴于裴来尔牧师在福州身体不适，而他又擅长担任这项工作，因而有必要进行变动。于是，麦利和博士再次掌管该书局的工作。当年，书局出版了金亚德牧师（Rev. A. W. Cribb）[15]编纂的 5 000 本《新约全书介绍》（Reference New Testament），还出版了吴牧师（Rev. S. F. Woodin）[16]与薛承恩（Rev. N. Sites）牧师[17]编写的《每日膳食》（Daily Food）等通俗读本。1870 年，神学博士摩怜牧师编纂的 250 页《福州方言手册》（Manual of the Foochow Dialect）开始印制，并于第二年印刷完毕。

1871 年，李承恩（N. J. Plumb）[18]牧师被任命为书局主管，他担任此职达 8 年之久。1874 年 11 月 11 日，书局出版了首期中文版《天国先驱》（Zion's Herald），随后改名为《福建教会报》（The Fuhkien Church Gazette），但几年前报名又改为《福建基督导报》(*The Fuhkien Christian Advocate*)。同年,《小孩月报》(*Child's Paper*)开始发行,该报至今仍然以白话为特色,为带插图的月刊。1875 年 6 月 1 日,公理会斥资 3 500 多美元修建一座楼房。该栋楼第四层和第三层的部分房间作为神学院和学生寄宿之用,其他楼层则供书局所需。当年,书局从上海美华书局购进一副小 12 点活字和一副音乐活字。1876 年,书局为保灵夫人(Mrs. H. F. Baldwin)出版了一幅大型地形图,其版子由中国人刻制在木版上。1878 年,武林吉(F. Ohlinger)[19]牧师及其夫人共同编撰的第三版《新约全书介绍》(*Reference New Testament*)和《赞美诗歌集》(*Hymn and Tune Book*)印刷出版。当时书局还购买了第三台自动着墨的荷牌印刷机。

1879 年,钱德勒牧师(D. W. Chandler)和薛承恩牧师被指派共同掌管书局。据记载,除房屋之外,当年书局的资产价值 6 500 美元。1880 年,钱德勒牧师被任命为主管。书局出版了奥斯古德(Osgood)博士的《解剖学》(*Anatomy*),并开始排印文理版《圣经》。

1882 年 4 月,钱德勒先生因健康原因离开福州回到美国,李承恩牧师再次被任命为主管并一直担任这个职务,直到 9 年后退休。期间,书局每年平均印制 1 200 万页,其设施也在不断更新。1884 年,书局购进一套双线小 12 点活字。1886 年,书局卖掉一部旧的印刷机,购买了一台更大的自动上墨手扳式印刷机,并弄到一个小型铸版机。1888 年,书局以 1 500 美元订购了一套铸造三线 4 点 1/2 钻字的铜模,铅字铸造随之开始。1889 年,书局购进一套新的音乐活字,并为美部会(American Board and Methodist Missions)出版了一套《通俗赞美诗歌集》(Hymn and Tune Book)。1890年,书局购进另一台手动印刷机,并开始接收小批量的外来装订业务。

1891年3月,力为廉牧师被任命为主管,之后他一直担任这个职务。这一年,书局完成了首部福州方言《圣经》全译本,这部《圣经》是以新体活字印刷的四开本。该版包含了3 000册《圣经》、1 200册《新约全书和旧约赞美诗》和3 000册《新约全书》。这是美国圣经公会和英国及海外圣经公会联合编写的,出版书籍所用的纸张中约有一半来自国外。医学博士亚当斯(T. B. Adam)编撰的《英语—福州方言词典》(An English-Foochow Dictionary)在当年年初完成。随着来华传教士人员的增加以及对英语著作需求量的增长,书局又购进了二十多套活字和一台小型印刷机。福州布道团采用了一套新的罗马化注音拼音,所以他们弄来了一套12点罗马化活字,并于1892年开始投入印刷。在这年的下半年,其中一台印刷机和一套罗马化注音活字被运往福州以南75英里的兴化(莆田),并在那里开设了分局,以便用兴化(莆田)方言出版文字书籍。这是因为在当地很难找到一个受过训练而能对这种文字进行校对的人。

1893年1月,我们花费500多美元从美国购进一种新的自由式印刷机。使用这台机器可以使印刷质量达到上乘;同时,为了满足需求,书局又从英格兰和美国弄来100套最新型的零件印刷专用活字。除此之外,在购置新设备和改良印刷机方面又花费了几百美元,包括钢丝订书机、冲压机、穿孔机、接角机、嵌线铅条切割机以及为外来业务装订所配备的帝国裁纸机。书局装订部门还设置了账簿和文具生产，我们现在有价值 1 000 美元的材料储备。

当年，为了改善印刷工作，书局投资 2 000 多美元来购置印刷设备，其中包括一台 24 英寸 ×38 英寸的双皇气缸印刷机，现正在从英格兰运来。很久以来，我们就非常需要这台印刷机，由于书局承担的工作量迅速增加，当年尤其需要这台机器。在当年财政年度的前 9 个月中书局已完成的印刷工作量达 19 397 509 页，加上兴化（莆田）印刷事务所的工作量，每天 80 000 多页的记录只有在日夜运行的情况下才可能达到，有时候需要一天工作 20 个小时才能完成。

福州卫理公会主教团书局的工作并非局限于满足福州教会的需要。早年，该书局为厦门、汕头、台湾、香港和曼谷等地的教会以及北京和九江的卫理公会的传教活动做过大量的工作。近几年，书局的大量印刷订单来自上海和天津地区的英国及海外圣经公会差会。后来，因为天津差会的订单终止，其订货主要来自英国及海外圣经公会上海差会。现在，最大外埠订单主要来自总部在北京的华北圣教书会（North China Tract Society）以及美国圣经公会上海差会，这些差会从一开始就成为书局的有力支持者。

现在，该书局的资产将近 20 000 美元，其中包括地产和房屋价值大约 5 000 美元。书局的印刷设备包括 1 台 24 英寸 ×38 英寸双皇气缸印刷机、1 台自由式零印机、4 台大型华盛顿荷牌印刷机、1 台哥伦比亚印刷机、2 台小印刷机、6 套中文活字、4 套罗马注音活字、2 套音乐活字、7 套英文印刷体活字和 150 套零件用活字，还有铸字机器、铸版机和装订装备。年底前，我们将收到另一套中文活字和一套斜体罗马化注音活字，用以出版《麦利和—摩怜字母词典》(Maclay-Baldwin Alphabetic Dictionary)，而摩怜博士正在重新修订这部字典。

福州卫理公会主教团书局最初依靠教会基金创办起来，而书局很快便能自立。除地产之外，书局现有十分之九的资产是依靠其在过去三十年所做的大量工作中赢得的薄利积累起来的。

———

根据创办时间的先后，我们下一个需要注意到的书局是宁波"英国圣公会差会书局"。

宁波"英国圣公会差会书局"

霍约瑟（Rev. J. C. Hoare）牧师[20]在回复关于书局所完成工作细节的信件中谦逊地认为，该书局在中国印刷史上不值得一提，但我们确信，我们的读者会对他慷慨提供的以下几个细节感兴趣。霍约瑟牧师写道：

1869年，岳牧师（Rev. F. F. Gough）[21]为我们书局带来了第一台印刷机。自那时起直到1881年，这台小阿尔比恩印刷机（Albion）就一直存放在岳先生的房间。该书局主要依靠圣公会差会的小额拨款来维持运作，主要印刷只用罗马化注音字母的小册子和用于布道的传单。当时，我们并没有中文活字。

1881年，岳先生返回英国，而书局被移交给当地的神学院。自那时起，虽然书局的订购量在逐渐增多，但是它仍以很小的规模运作。书局增加了第二套罗马化注音字模和另外一套中文活字，并从韦廉臣（Williamson）博士停业的公司那里买到一台"鹰"牌印刷机。

书局主要为学院印刷试卷、工作计划表及与教学工作相关的各种单据、数学教科书和罗马体排版的历史教科书、关于神学教义的读本、中文版《圣经》和系统神学理论读本，还有一些中文评论和带有罗马化注音的基督教小型读本。这些都是我们书局所从事的工作。

汕头英国长老会书局

汲约翰（Rev. J. C. Gibson）[22]为我们书写了以下细节：

我衷心地祝贺书局成立50周年。从在华基督教事业的历史来看，50年是一个漫长的岁月。人们的思绪经常回到可怜的马礼逊博士依靠雕版印制《圣经》书刊而奋力开创传播福音的年代，尽管现在人们感受到在华印刷业务进步缓慢，但与当时相比我们已经前进了一大步。

非常感谢你们在成功之余尚能想到比你们创办时间短而规模小得多的邻居，为此，我十分高兴提供一些关于我们书局的信息:尽管我们的工作是非专业性的,而且规模不大。书局创办于 1880 年,当时书局仅有伦敦麦尔美教会(Mildmay Mission)的负责人詹姆斯·E. 马西森(James E. Mathieson)及其朋友赠送的一台"神冠"阿尔比恩手动印刷机和一套活字。印刷机就放置在我们的男生寄宿学校里,而我教会了其中一个男孩如何使用它。

第一套活字是 12 点罗马化注音字,而我们几乎所有的工作都是用罗马化注音的汕头方言来印刷《圣经》和其他书籍。依靠朋友们的资助和赠送,书局不时有新的活字。在 1885 年,书局增加了一套 24 点活字。这对时常觉得小字难以辨认的老人和初学者而言是一个极大的鼓励。许多害怕小字的人先用大字来学习,但他们学会一些字之后就能够以适合的小字来学习了。

考虑到《圣经》的版本和其他方面的要求,我们增添了一套"8 点西文活字—小 9 点活字"。后来在 1893 年,我们又获得了一套新的 9 点活字。

我们没有中文活字,唯一的中文印刷物是用在福州的卫公理主教团书局提供给我们的一套铅板而印刷的,印刷的是当地语言的赞美诗集。在此,我应该补充一点,所有上述的活字具有所有特别的重音,这对表明汕头方言的八重音调是必不可少的。我们所有的活字都是由爱丁堡的米勒先生和理查德先生所提供的。我们非常感谢他们给予的关心和技术支持,他们为我们刻制了常用英文词库之外的很多特殊重音符号。

随着我们需求的不断提高，书局的设备也不断增加。现在，书局的设备包括一套小型浇铅版、装订设备、压书机、裁纸机器等。去年，我们添置了第二台印刷机——"皇冠哥伦比亚"（Royal Columbian）型号印刷机。

我们印刷所如今由三间小房构成。我们有5名固定的印刷工。

我们书局的印刷品有《圣经》和其他基督教文学作品的译本，以及教会学校的一些教学课本等。所有这些都译成汕头方言。1893年，书局的印刷量是434 000页。这些印制的书籍在汕头各教区内使用。汕头教区有两个教会——美国浸礼会（The American Baptist）和英国长老会（The English Presbyterian），这两个教会几乎遍及位于广东省东北部的整个潮州和部分惠州地区。这些书刊也在马六甲海峡一带流传，以便那里与我们当地教会有联系而讲汕头话的基督徒使用。我们的一家定期刊物是《教会每月新闻》（Monthly Church News），作为与我们有关系的差会内部的交流渠道。这个刊物的插图是用伦敦圣教书会给我们的电镀版印制的。

至于支持书局的基金，我只能说它的来源是不确定的，但经常能满足我们的需要。我们能从出售给本国和外国顾客的出版物中获得收益。在书局出版的这些书刊中，书局拥有版权的有达弗斯牧师（Rev. W. Duffus）的《汕头词典》（Swatou Vocabulary）和《汕头威廉词典索引》（Swatow Index to Williams' Dictionary），这两部词典在语言学的学生中有小量但稳定的需求。学习语言的中国学生偶有购买《汕头威廉词典索引》的,以便核对汉字在本地方言中的正确读音。我们印刷的所有《圣经》读本之费用是英国及海外圣经公会出版协会提供的,而印刷好的《圣经》归他们所有,我们为他们销售而钱进入他们的口袋。伦敦圣教书会偶尔慷慨地资助我们几千美元,使得我们能够用中文和罗马化注音字母印刷赞美诗集,又用罗马体字印制巴斯(Barth)的《圣经故事》(Bible Stories)和《天路历程》(Pilgrim's Progress)译本。结果,我们现在能够长年很好地运营书局而无需依赖教会的经常性资助。

基顺先生还送给我们一份汕头书局的出版目录。这份出版目录包括按照汕头方言罗马化注音的《旧约全书》和《新约全书》节选,罗马化注音的小册子、赞美诗集和初级教学课本。

我们在此诚挚地相应基顺先生的期盼,我们的书局"将竭尽全力,争取在建立一百周年之际做到能满足中国的基督徒们日常阅读的需要!"

苏格兰圣经会书局(汉口)

计约翰(John Archibald)[23]先生慷慨地为我们提供了以下的详细说明:

苏格兰圣经会书局(National Bible Society of Scotland)创建于1885年7月,它在汉口教会书局(Hankow Mission Press)的名下——为了承担书局自身命名的苏格兰圣经会和华中伦敦圣教书会

（Central China Religious Tract Society）迅速发展的印刷业务之需求而创立的。在此之前，由于汉口没有书局，圣经会所需要的书籍均采用本地的雕版印制。尽管这种雕版印刷方法只能满足小批量和无时间限定要求的印刷业务，但是当遇到大批量印刷业务时，这种印刷方法就被证明完全不可操作而至少可能被延误。

起初，有人建议将该书局办成私人企业，用个人的资金来运作。但是，为了保证其成功，苏格兰圣经会的总监们决定将书局作为他们在华工作的一个分支机构。因此，在书局开张之前实际上已经为他们所掌握。由此，书局就变成一个纯粹的教会的事业，致力于印制教会书刊，而不以盈利为目的，无意与一般的印刷企业竞争。

书局地址最初安置在旧伦敦传教会医院（the Old London Mission Hospital）。这是一幢引人趣味的建筑，它是最早在华中建立的以传教为目的的建筑物。它位于靠近外国租界的当地人居聚区，但由于拟迁移至一个更加卫生的新址，医院大楼已闲置多年。因此，该医院逐渐为人们所遗忘，直到后来被当地人用作肉猪市场。然而，书局在此地创办起来倒很兴旺，书局很快得以发展，尤其在1891年韦廉臣博士去世时，书局购进了上海广学会（The Society for Diffusion of Christian and General Knowledge Among the Chinese）[24]的几乎所有的印刷设备。

但是，在1892年1月12日，书局遭遇了一场突如其来的灾难。当天早晨，书局附近发生火灾，大火烧毁了至少200间民房，包括书局的房屋。所幸的是，尽管凶猛的大火吞噬了这所医院周边的一切及其医院房屋的门窗,但是经过人们的奋力扑救,这所旧医院的主体建筑即外国建筑物得以保存下来。根据这场灾难的性质而论,书局不可能得到保险赔偿,因此圣经会在这场灾难中损失了1 500 两银子。

由于此事,教会总监下令把书局从本地人居住的城区搬进了外国租界。同年7月,书局在优美而宽敞的地基上拔地而起,地址位于第四大街和后街之间的转角地段。可见,书局遭遇的火灾最终却变成了好事,因为这引起了圣经会朋友们的同情和支持,使得新书局建筑的地皮和建造费用所需的 10 000 两银子得以顺利筹足。教会总监吸取这场火灾的教训,对于增值的财产实行了保险,以防此类事件的再次发生。虽然华中圣教书会位于另一栋建筑内,但其财产在此次大火中付之一炬,他们也在类似的状况下因祸得福。

苏格兰圣经会书局实际上专门印刷苏格兰圣经会和华中伦敦圣教书会所需要的《圣经》和小册子。为了完成这样的印刷业务,书局购进了3台印刷机和4台手动印刷机。它拥有8套中文活字和1套完好的英文活字,还有一个浇铅版和电铸版车间,一个配有5套字模的铸字车间,其中2套是新型的;书局总共有3 000 个字模。除了存有大量铅版和电铸版之外,书局还有一架压书芯机和外国制造的装订机。书局提供了工作岗位,平均雇佣70人,其中40人在印刷和铸版部,其余30人在装订部。在书局建立后的9年中,书局共印刷和发行了211万本《新约全书》或者《圣经》节选书册,600万本其他的基督教书籍和小册子。

在书局发行的这些著述中,最值得一提的可能是神学博士格里菲斯牧师（Rev. Griffith）的《圣经》译本，他翻译的《圣经》有文理和官话两种译本；文理译本对于《圣经》的章节进行了注释，作为一般阅读之用。书局也出版了最完整的《新约全书介绍》（Reference Testament），还发行了诸如《智慧与美德之门》（The Gate of Wisdom and Virtue）、《治家之道》（Leading the Family in the Right Way）等小册子。这些小册子现在也在其他口岸大量印刷。出于好奇心，书局还印制湖南的翻译作品和复制品，以及与传教问题相关的抵制外国文学的译本和复制品与为中国某港口发行的中国第一套地区邮票——这是后来应运而生的港口地方邮政局的雏形和先例。

这个书局一直由苏格兰圣经会在汉口的代理人计约翰先生管理，除了在他 18 个月的休假期间由威尔逊牧师（Rev. J. Wallace Wilson）代管。在上帝福音的赐惠之下，书局从创立起各个部门每年都有明显的进步。希望这些进步永载史册！

我们感谢九江美以美会（Methodist Episcopal Mission）李德立牧师（Rev. E. S. Little）[25] 提供的有关九江华中书局的记录。

九江中华书馆

有段时间，许多人时常感到，在华中美以美会差会管辖的范围内应该创建一家印刷厂。但直到 1890 年，这个愿望并没有实现。在上海在华基督新教传教士大会（the General Missionary Conference in Shanghai）期间，笔者感受到，购置印刷设备的问题应该提上日程了。在九江的其他教士也鼓励我去做这件事情。在金多士先生和计约翰先生的帮助下，这项工作终于走出了第一步。虽然手中没有资金，但笔者确信，只要这是为了上帝的工作，而且是为了天国的进步，它就能成功。我们以60美元的价钱从《信使报》(Mercury)买来一台小型的二手印刷机，《字林西报》(The North-China Daily News)的德鲁蒙德·海(Drummond Hay)善意地进行了安排，后来我们又得到了一台大些的印刷机。那台小型印刷机被运到九江，安置在笔者个人的书房中，在那里进行了首次印刷。我接着走访了汉口，从计约翰先生那里弄到活字和各式各样的空铅，并雇佣到一个受过训练的印刷工。这位印刷工很快来到九江，印制了第二期《汇报》，该报在汉口创办并在那里编排，然后送到九江印刷。

我们要做的下一件事情就是在院内靠近房屋的角上建造一间小的印刷室。大约6周后，我们搬进这间印刷室并安装好了我们的印刷机和一个活字架。按照我们的要求，活字陆续从汉口运来。

我们很快发现，我们应该有一个新的更宽敞的工厂。因此，我们向英国订购了英文活字、小型滚筒印刷机、浇铅版和铸字设备、裁纸机、穿孔机和各种小型设备和家具。当时，这些配备的价格大约是2 000美元。我们还订购了一些文具和外国纸张（价格将近200美元）、油墨。这些物资都在预定时间到达。但是，我们没有同时收到任何拨款或赠款，以致我们肩上的担子十分沉重。1891年，翟雅各牧师（Rev. J. Jackson）[26]和班伯理牧师（Rev. J. J. Banbury）各自预付了200美元的无息贷款。这400美元救了我们的急。在这段时间里，工作一单接一单。尽管我们的职工数量增加了，我们却能应付现有的开销。

1892年，纽约传教士委员会慷慨地资助我们大约1 200墨西哥鹰元，这使我们得以还清债务。4月，笔者从管理层中退了下来，并把主管职位移交给继任者——班伯理（Banbury）先生，这时九江书局已经完全从资产负债中走了出来，现金和应收账款的总额超过了300美元。当时书局雇佣了11位职员。

随着设备和工作量的增加，我们需要一幢新楼房。现任经理用九江传教士们借贷的资金于1893年建造了新楼房。纽约的委员会又一次帮助了我们，他们慷慨地捐助了1 000美元，这付清了我们所有的花费。现在，我们有了一幢既宽大又舒适、空气流通的二层楼房，我们在这里进行所有的工作。从1892年以来，书局的中文活字和字模逐渐增多。而这一年，国内董事会送给我们500墨西哥鹰元，这笔钱相当于这个部门的开销。我们出版了数以百万页的《圣经》小册子和其他著述并在全中国范围内发行。

————

另外，在台州也有一个书局，它与中国内地的教会有联系，由路惠理牧师（Rev. W. D. Rudland）[27]掌管。台州书局雇佣了3名工人，该书局就利用这微薄的人力资源，不但出版了大量的中文小书刊和小册子，而且出版了台州方言的《新约全书》和罗马化注音的圣经旧约中的《赞美诗》（*Psalms*）。

我们最近在北京又设立了两家书局：一家书局与英国圣公会（English Episcopal Mission）有关，另一家则是美国美以美会（American Methodist Episcopal Mission）的附属机构。为了给北京大学的学生提供学习一门技艺的机会，我们从上海弄到了一台印刷机和活字。一位来自上海的熟练印刷工人负责指导，3 名学生充当学徒。据我们所知，我们已经为华北圣经书会和传教士个体印刷了大量的书籍和传播福音的小册子。

上文第 47 页曾提到，霍约瑟牧师从韦廉臣博士已经破产的书局中购买了一台印刷机。这里指的是由已故韦廉臣博士创办的中华书籍和小册子印刷室（the Book and Tract Society of China），笔者于 1885 年与他共事。时值韦廉臣博士逝世，更主要的原因是出版协会的负责人不情愿承担上级差会中华出版协会（现在叫在华实用知识传播会）在技术上所需经费之义务，印刷室的工作于 1890 年被迫停止。大部分设备被汉口苏格兰圣公会书局的计约翰先生买走（见 52 页）。已故韦廉臣博士开启的重要工作，尤其是他创办的《万国公报》月刊（Review of the Times，又称《时代评论》）和《中西教会报》（Missionary Review），以及特别为官僚阶层、妇女和孩子定制的刊物，现在都是由中国差会来接管，精干的差会秘书李提摩太牧师（Rev. T. Richard）[28]掌控这一切，印刷业务则由美国长老会书局来做。

罗约翰牧师（Rev. John Ross）[29]是满洲苏格兰传教长老会（United Presbyterian Church of Scotland Mission in Manchuria）的成员，他高兴地提供了如下细节：

早在 1881 年，一个小型哥伦比亚书局在牛庄（辽宁省南部古镇）建立起来，它印刷了数千册朝鲜语版《路加福音》的复印件。之后，这家书局转移至奉天（沈阳），在那里它一直印刷朝鲜语版《路加福音》。其中，它印刷了六个版本的《路加福音》，一度印刷 5 000 册，总共出版并发行了几万册。它还印刷了整套朝鲜语版的《新约全书》3 000 册。除此之外，该书局还印刷了几十万份传播福音的小册子。这些书册主要在朝鲜的南部和北部传播，在朝鲜中部和首都偶有少量的发行。

但是，我们不应忘记美国长老会在海南岛经营的教会书局。数年前，几位美国朋友捐赠教会而创办该书局，旨在印刷罗马化注音的海南口语书刊。在美国圣经公会和英国海外圣经会的帮助下（后者专门出版《圣经》），该书局印制了大量《福音》、《赞美诗》以及其他书册。去年，书局总共印刷了大约 27 000 页书刊。我们了解到，很多教会雇佣学生和本地人来做书局的工作，纸张等用品是赠予的，所做的这些工作并没有直接花费教会的经费。

注释

[1] 白汉理（Henry Blodget, 1825—1903），又称柏亨利，美部会遣华传教士。白氏和夫人于 1854 年 8 月 3 日抵达香港，后到上海传教；1860 年为公理会在天津设差会，1863 年调往北京传教，并设育英学堂。1894 年退休回国。白氏曾与其他在京公理会教士用了十年功夫把《新约》译成汉语〔根据《近代来华外国人名词典》（中国社会科学出版社，1981 年）

第 44 页的内容整理〕。——译注

[2] 湛约翰（John Chalmers, 1825—1899），英国伦敦会遣华传教士。1852 年 6 月 28 日到香港，继理雅各主持伦敦会香港分会事务。曾编纂《中国人的起源》(The Origin of the Chinese)（1865）、《康熙字典撮要》(The Concise Kanghsi Dictionary)（1877）、《粤语袖珍字典》(A Pocket Dictionary of the Canton Dialect)（1872）等书〔根据《近代来华外国人名词典》（中国社会科学出版社，1981 年）第 77 页的内容整理〕。——译注

[3] 特纳（F. S. Turner），伦敦会派往中国的传教士，1859 年 9 月 21 日抵达香港。数日后，他与湛约翰一起前往广州传教。1864 年夏天特纳和全家人一起返回英国，1866 年 2 月回到广州〔根据 [英] 伟烈亚力（Alexander Wylie）《1867 年以前来华基督教传教士列传及著作目录》(Memorials of Protestant Missionaries to the Chinese: Giving a List of their Publications and Obituary Notices of the Deceased)（广西师范大学出版社，2011 年）第 262—263 页的记录整理〕。——译注

[4] 恩斯特·J. 艾德（Rev. Ernst J. Eitel），巴色会派往中国的传教士，1862 年来到香港，不久后到内地定居，曾在新安的李朗居住。1865 年 4 月加入伦敦会，此后便附属于广州差会，主持位于内地博罗（Pok-lo）的传教站〔根据伟烈亚力（Alexander Wylie）《1867 年以前来华基督教传教士列传及著作目录》(Memorials of Protestant Missionaries to the Chinese: Giving a List of their Publications and Obituary Notices of the Deceased)（广西师范大学出版社，2011 年）第 278 页的记录整理〕。——译注

[5] 慕维廉（Rev. William Muirhead, 1822—1900），英国伦敦会教士。1846 年来华，在上海传教。在华 53 年，在上海去世。除了 1870 年出版

的《中国与福音》(China and the Gospel)之外,他还撰写了很多中文书籍〔根据《近代来华外国人名词典》(中国社会科学出版社,1981年)第346页内容整理〕。——译注

[6] 伟烈亚力(Alexander Wylie,1815—1887),又译为卫礼、亚历山大·怀利,英国伦敦布道会传教士,汉学家。伟烈亚力在伦敦时就自学汉文。1847年8月26日到达上海,负责监督差会在上海的印刷所。除了教会事务之外,他还研究法、德、俄、满、蒙等文字。1860年休假回国,辞伦敦会职。1863年11月再次到中国,担任大英圣书公会(British and Foreign Bible Society)驻华代理人。为推销《圣经》,他走遍中国内地各省。伟氏曾任上海《教务杂志》编辑数年。1877年因目疾回英国,在伦敦去世。其主要中文著述有:《数学启蒙》(上海,1853)、《续几何原本》(松江,1857)《六合丛谈》(上海,1857、1858)、《重学浅说》(上海,1858)、《甲乙二友论述》(上海,1858)、《吾主耶稣基督新遗诏书》(上海,1859)、《代数学》(上海,1859)、《代微积拾级》(上海,1859)、《谈天》(上海,1859)、《中西通书》(上海,1859、1860)等;英文作品(含译著)有:《清文启蒙:满语汉字文法及满文文献简介》(Translation of the Ts'ing wan k'e mung, a Chinese Grammar of the Manchu Tartar Language: with Introductory Notes on Manchu Literature)(上海,1855)、《伦敦会上海图书馆图书目录》(Catalogue of the London Mission Library)(上海,1857)、《中国文献记略》(Notes on Chinese Literature)(1867)、《匈奴中国交涉史》(History of the Heung-noo in their Relations with China)(1874)、《中国研究录》(Chinese Researches)(1897)等。他的中西文藏书在回国前为上海亚洲文会所买,成为该会图书馆(博物院藏书楼)的主藏。韦氏原是该会主要发

起人之一〔根据《近代来华外国人名词典》(中国社会科学出版社,1981年)第523—524页内容与伟烈亚力(Alexander Wylie)《1867年以前来华基督教传教士列传及著作目录》(*Memorials of Protestant Missionaries to the Chinese: Giving a List of their Publications and Obituary Notices of the Deceased*)(广西师范大学出版社,2011年)第179—1819页的记录整理〕。——译注

[7] 力为廉(Rev. William Henry Lacy, 1858—1925),又称莱西、威廉·亨利,美国美以美会传教士。1887年来华,在福州传教。1887—1897年任福州英华书院教习。1891—1902年任福州美华书局经理,1902—1922年任美以美会所办的上海美华书局(Methodist Publishing House)经理。逝世于上海〔根据《近代来华外国人名词典》(中国社会科学出版社,1981年)第268—269页内容整理〕。——译注

[8] 怀德(Rev. Moses Clark White),美以美会遣华传教士。他和夫人于1847年8月4日到达澳门,9月6日抵达目的地福州。1848年5月25日,怀德夫人在福州去世。1853年怀德返回美国,自此再没有回到中国。作品有:《在福州说汉语》(*The Chinese Language spoken at Fuh-chau*)等〔根据[英]伟烈亚力(Alexander Wylie)《1867年以前来华基督教传教士列传及著作目录》(*Memorials of Protestant Missionaries to the Chinese: Giving a List of their Publications and Obituary Notices of the Deceased*)(广西师范大学出版社,2011年)第172页的记录整理〕。——译注

[9] 保灵(Rev. Stephen Livingston Baldwin, 1835—1902),又称鲍德温、斯蒂芬·利文斯,美国美以美会传教士。1858年来华,在福州传教,1861年返回美国。1862年再度来华,继续在福州传教。1868年在福州发

刊《教务杂志》(The Chinese Recorder and Missionary Journal), 自任编辑。1870年回美国〔根据《近代来华外国人名词典》(中国社会科学出版社, 1981年)第268—269页内容整理〕。——译注

[10] 万为(Re. Erastus Wentworth), 美以美会遣华传教士。他和夫人于1855年5月23日抵达香港, 之后于6月19日前后抵福州, 自此便在福州居住, 直至1862年12月返回美国。作品有:《地球图说略》《据实地勘测所得之福州城区和郊区地图, 包括外国租界在内》〔根据[英]伟烈亚力(Alexander Wylie)《1867年以前来华基督教传教士列传及著作目录》(*Memorials of Protestant Missionaries to the Chinese: Giving a List of their Publications and Obituary Notices of the Deceased*)(广西师范大学出版社, 2011年)第246页的记录整理〕。——译注

[11] 裴来尔(Rev. Lucian Nathan Wheeler, 1839—1893), 又称为惠勒、卢西恩·内森, 美国美以美会传教士。1866年来华, 在福州传教, 1867年创办《教务杂志》(*The Missionary Recorder*), 1868年改名 *The Chinese Record and Missionary Journal*, 1915年改名为 *The Chinese Recorder The Foreign in China*。1870年, 裴氏调往北京美以美会, 1873年回美国。1881年再度来华, 在重庆传教, 三年后返美。1890年又以美国圣公会代理人资格来华。著有《外国人在中国》(*The Foreigner in China*)(1881)一书〔根据《近代来华外国人名词典》(中国社会科学出版社, 1981年)第504页内容整理〕。——译注

[12] 基顺(Otis Gibson, ?—1888), 美国美以美会传教士。1855年来华, 在福州传教, 翌年创设义塾。1864年返美。译著有《榕腔圣经》《新约串珠》《西算》和《华人在美洲》(*The Chinese in America*)(1877)等

书〔根据《近代来华外国人名词典》（中国社会科学出版社，1981年）第165页内容整理〕。——译注

[13] 麦利和（Robert Samuel Maclay, 1824—1907），又称马克来、罗伯特·塞缪尔·麦克莱，美国美以美会传教士。1848年来华，在福州传教。1872年调往日本，设立美以美会。1881年在休假期间又到福州，创办鹤龄英华书院（Anglo-Chinese College）。1883年在东京设立英日书院，自任教务长。1887年返回美国，于美国去世。著有《生活在中国人中间》（Life among the Chinese）（1861）一书〔根据《近代来华外国人名词典》（中国社会科学出版社，1981年）第305页内容整理〕。——译注

[14] 摩怜（Rev. Caleb Cook Baldwin），美部会派往中国的传教士，1848年3月25日和夫人一起抵达香港，5月7日抵达驻地福州。因健康状况不佳，1857年10月返美。1860年2月回到福州。作品有《路加传福音书》《圣学问答》《神论》《入耶稣小引》等〔根据［英］伟烈亚力（Alexander Wylie）《1867年以前来华基督教传教士列传及著作目录》（Memorials of Protestant Missionaries to the Chinese: Giving a List of their Publications and Obituary Notices of the Deceased）（广西师范大学出版社，2011年）第186页的记录整理〕。——译注

[15] 金亚德（Rev. Arthur William Cribb），英国圣公会谴华传教士，他和夫人于1865年初来到福州传教〔根据伟烈亚力（Alexander Wylie）《1867年以前来华基督教传教士列传及著作目录》（Memorials of Protestant Missionaries to the Chinese: Giving a List of their Publications and Obituary Notices of the Deceased）（广西师范大学出版社，2011年）第285页的记录整理〕。——译注

[16] 吴牧师（Rev. Simeon Foster Woodin），美部会谴华传教士。他和夫人于1860年2月7日来到福州传教〔根据伟烈亚力（Alexander Wylie）《1867年以前来华基督教传教士列传及著作目录》（*Memorials of Protestant Missionaries to the Chinese: Giving a List of their Publications and Obituary Notices of the Deceased*）（广西师范大学出版社，2011年）第266页的记录整理〕。——译注

[17] 薛承恩（Rev. Nathan Sites, 1830—1895），又称内森·赛茨，美国美以美会牧师。1861年来华，在福州传教。曾翻译《天文基本原理》（*Elementary Principles of Astronomy*）一书为中文〔根据《近代来华外国人名词典》（中国社会科学出版社，1981年）第305页内容整理〕。——译注

[18] 李承恩（Nathan J. Plumb, 1843—1899），又称内森·吉·普卢姆，美国美以美会传教士。1870年来华，在福州传教。1877年任福州美华书局（Methodist Publishing House）管理，兼福音书院教习25年，最后几年为该院院长。在福州去世〔根据《近代来华外国人名词典》（中国社会科学出版社，1981年）第388页内容整理〕。——译注

[19] 武林吉（Franklin Ohlinger, 1839—1919），又称富兰克林·奥林格，美国美以美会传教士。1870年与李承恩来华，在福建传教。1871年在福州设立福音书院（Biblical Institute）及培元书院。1874年创办《郇山使者》（*Mount Sion Messenger*）月报。闽中之有报章，自武氏始。1881年办英华书院，设英语课。1886年至1895年在朝鲜传教。1895年回福建兴化。1904—1907年与监理会教士林乐知在上海主编报刊及翻译书籍。嗣后返美。1910年再度来华任榕城国立高等学校英语、德语教习。1919年

在福建去世。著有《圣经喻解》《罗马宗教激战史》（八卷）、《天演正诠释》等书〔根据《近代来华外国人名词典》（中国社会科学出版社，1981年）第388页内容整理〕。——译注

[20] 霍约瑟（Rev. Joseph Charles Hoare, 1851—1906），又称约瑟夫·查尔斯·霍尔，英国安立甘会传教士。1876年在宁波创办三一书院（Trinity College），自任院长。1898年任香港安立甘会会督。著有许多关于宗教的中文书〔根据《近代来华外国人名词典》（中国社会科学出版社，1981年）第388页内容整理〕。——译注

[21] 岳牧师（Rev. Frederick Foster Gough），英国圣公会遣华传教士。1850年3月29日到香港，不久抵达目的地宁波。1852年10月初离开宁波前往英国，1854年10月和夫人一起返回宁波。1860年秋天因夫人的健康原因，再次返回英国。1861年2月，岳夫人在抵达伦敦后的一个星期去世〔根据[英]伟烈亚力（Alexander Wylie）《1867年以前来华基督教传教士列传及著作目录》(*Memorials of Protestant Missionaries to the Chinese: Giving a List of their Publications and Obituary Notices of the Deceased*)（广西师范大学出版社，2011年）第206页的记录整理〕。——译注

[22] 汲约翰（Rev. John Campbell Gibson, 1849—1919），又称约翰·坎贝尔·吉布森，英国长老会传教士。1874年来华，在广东汕头传教45年。著有《在华南的传教问题与传教方式》(*Mission Problems and Mission Methods in South China*)（1901）等书。此外还编纂了《卫廉士"汉英拼音字典"及杜嘉德"厦门方言字典"的汕头方言索引》(*A Swatow Index to the Syllabic Dictionary of Chinese by S. Wells Williams, LL.D. and to the*

Dictionary of the Vernacular of Amoy by Carstairs Douglas, M.A., LL. D.）
（1866）〔根据《近代来华外国人名词典》（中国社会科学出版社，1981年）第165页内容整理〕。——译注

[23] 计约翰（John Archibald，1853—1927），又译为约翰·阿奇博尔德，英国教士、新闻记者。1876年被苏格兰圣经会派来中国传教，曾走遍湖北、湖南、河南、安徽、江苏五省。1913年辞教会职，在汉口创办英文报《楚报》（The Central China Post），自任社长兼总主笔。计约翰去世后，该报由其子继续编辑，直到1941年太平洋战争爆发后才停刊〔根据《近代来华外国人名词典》（中国社会科学出版社，1981年）第17页内容整理〕。——译注

[24] 上海广学会（The Society for Diffusion of Christian and General Knowledge Among the Chinese），1887年（光绪十三年）英、美基督教新教传教士和外交人员、商人等在中国上海创立的出版机构。前身为1834年英、美传教士在广州创立的"实用知识传播会"和1884年在上海设立的"同文书会"。——译注

[25] 李德立牧师（Rev. Edward Selby Little，1864—？），又译为爱德华·塞尔比·利特尔，英国人。1886年来华，在上海经商，曾三次任上海公共租界工部局董事。他是上海卜内门公司（Brunner, Mond and Co., Ltd.）创办人。1911年辛亥革命时，曾促成清政府与革命党在上海谈和。1921—1923年为澳大利亚驻华商务代表〔根据《近代来华外国人名词典》（中国社会科学出版社，1981年）第289页内容整理〕。——译注

[26] 翟雅各牧师（Rev. James Jackson，1851—1918），又译为詹姆斯·杰克逊，美国传教士。1877年来华，初在广州为美以美会教士。

1889年脱离美以美会,加入圣公会,在芜湖、九江、武昌等地传教。1905—1917年任武昌文化大学（Boone University）校长。在九江去世。著有《创世纪注释》、《出埃及记注释》和《利未记注释》等关于宗教的中文书籍〔根据《近代来华外国人名词典》（中国社会科学出版社,1981年）第235—236页内容整理〕。——译注

[27] 路惠理牧师（Rev. William D. Rudland）,中华传道会遣华传教士。他于1866年10月1日来到上海,不久之后移居杭州〔根据伟烈亚力（Alexander Wylie）《1867年以前来华基督教传教士列传及著作目录》(*Memorials of Protestant Missionaries to the Chinese: Giving a List of their Publications and Obituary Notices of the Deceased*)（广西师范大学出版社,2011年）第292页的记录整理〕。——译注

[28] 李提摩太牧师（Rev. Timothy Richard, 1845—1919）,字菩岳,又译为蒂莫西·理查德,英国浸礼会传教士。1870年来华,为该会代理人。初在山东传教,1876年赴山西太原。1887年离开山西到北京、天津从事文学及编辑工作,1890年任天津《时报》主笔。1891年到上海任同文书会（The Society for the Diffusion of Christian and General Knowledge）总干事,1906年该会更名为广学会（Christian Literature Society for China）后,李氏仍任总干事,从事普及和宣传基督教的活动。甲午战争后,李氏著《新政策》,要求清政府聘用外国人为总管。梁启超曾任其汉文秘书。庚子以后,他利用义和团时期一些外国传教士在山西被杀的事情,促使山西当局出钱办山西大学堂（Shansi Imperial University）,任西斋总理。上海华童公学的成立亦与李氏有关。著有《华夏诸神表》(*Calendar of the Gods in China*)、《万众皈依》(*Conversion by the Million in China*)（两卷,

1907）和《留华四十五年记》(Forty-five Years in China Reminiscences)（1916）等书。此外，他还翻译并出版很多佛教著作，1913 年他把元朝邱处机的弟子李志常所著《西游记》(A Mission to Heaven) 译成英文出版。传教士苏慧廉在李氏去世后撰写有关他的传记《中国的李提摩太》(Timothy Richard of China)（1924）〔根据《近代来华外国人名词典》(中国社会科学出版社，1981 年) 第 407—408 页内容整理〕。——译注

[29] 罗约翰牧师（Rev. John Ross, 1842—1915），又译为约翰·罗斯，英格兰长老会（United Free Church of Scotland）遣华传教士。1872 年来华，在奉天传教，后译《圣经》为朝鲜文，并创立一所印刷馆，雇佣朝鲜人排字。1910 年退休回国，1915 年 8 月在爱丁堡去世。著有《清朝的兴起和发达》(The Manchus of the Reigning Dynasty of China: their Rise and Progress)（1880）、《朝鲜史》(History of Corea)、《满洲传教法》(Mission Methods in Manchuria)（1903）、《中华民族的起源》(The Origin of the Chinese People)（1910）及《中国原来的宗教》(The Original Religion of China)（1909）等书〔根据《近代来华外国人名词典》(中国社会科学出版社，1981 年) 第 407—408 页内容整理〕。——译注

第六章

圣经书社

前面章节的描述让我们清楚地了解到，在中国设立的印书馆为圣经书社做出了重大贡献。毋庸置疑，我们应当向那些来自不同教会、教派和国家的成员们致敬，他们义不容辞，积极高效地为圣经书社的工作展开合作，促进了基督世界的发展。没有像圣经书社这样高效的组织，我们不可能如此欣慰地在本书第三章记下这一辉煌，美华书馆在过去5年间共印刷了1 230万页经文，更别说同期印刷的各种宗教书籍和手册或者自创立以来印制的各种书馆的作品。但是，我们抽出这些组织中最具资质的人员进行文献整理工作，提供充足的资金来开展印刷，最后我们高效而公正地安排分发印刷的经文。

圣经书社所做的这项神圣的工作是如何免于敌对势力的干扰，如何齐心协力来共同完成上帝的这一使命的，从以下引文中可获得答案："一方像上帝在其言语中所展示的那样让世人认识基督教，另一方则通过手册和杂志展示基督教在人类生活和工作中的赐予；一方告诉我们上帝已经做的和打算做的，另一方则告诉我们上帝在日常生活中的成就，从而证明其言语的正确性。"

撒母耳·戴尔先生为上文提到的戴尔先生之子，其父对早期的打字工艺贡献巨大，他本人则非常客观地记载了中国最古老的圣经书社的活动状况。

大英圣经公会

早在1804年，大英圣经公会（The British and Foreign Bible Society）就诞生了，这一年大英博物馆也展示了大量的留存中国的中文版《新约》手稿。大英圣经公会在早期的发展中，就对这项工作给予关注，是否要印刷经文也得以讨论。然而，当大家发现一次印刷1 000份而平均每份的成本就要2个几尼而发行的数量也难以确定时，公会暂时搁浅了这一计划。

由公会资助的第一本汉语《圣经》是《新约》，由新加坡的大英浸信会完成，该版本在1805年至1810年间制作完毕。

1812年至1814年间，传教士马礼逊得到资助并准备在中国出版《新约》。1814年1月，马礼逊印刷了2 000份经书。

米怜博士首次大规模而直接地让《圣经》发送到了普通老百姓手中。一批在巴达维亚（今印度尼西亚首都雅加达）、爪哇、马六甲、槟榔屿等地的华人定居者承担了其发行工作。

期间，大英圣公会继续帮助华文经书的筹备与发行工作。其中最引人注意的一次行动是"百万圣经计划",当时教会募集到大量的资金,以印刷成本来看,这些资金绰绰有余。

至1850年,教会能够以每本3.5便士或4便士的成本出版完整的《新约》,这与过去每本2几尼金币的预算成本来印刷大英博物馆那样的《圣经》,形成鲜明的对比。

同年,被誉为"代表版"的大量用古汉语译成的《新约》退出历史舞台,至1852年《旧约》完成。

1855年,"百万圣经计划"首批经书1万册开始分发。当时,完整的新版经典《圣经》仅以每份1先令6便士(18便士)的低成本完成印刷。

1836年至1839年,大英圣公会在中国雇用了一名代理人,即李太郭先生(Mr. Lay)[1]为其工作,但由于工作开展中的各种困难,他的代理职位未能持续。大约在1858年,伦敦教会委员会批准对伟烈亚力先生的委任,让他作为代理人负责分发工作,此前他一直从事《圣经》印刷工作,但他直到1863年或1864年才正式履行这一职责并延续到1877年。在他接手后不久,就推行以低价向中国人销售《圣经》的营销策略。很多年以来,他们甚至免费发放经书,有的教会现在仍采纳这一做法。目前,教会在中国的通用做法是出售不同经文印刷本,但也有向民众免费赠送的情况。由于这一销售策略,迄今流传的经文多为《四福音》(Gospels)和《使徒行传》(Acts of the Apostles)部分。事实验证,这些经文是比完整的《新约》更适用的书,让那些异教徒首先接触到基督。

以下为目前正在中国教会中流通的经书版本,其中既有完整的，也有节选的。

《文理圣经》(Wen-li Bible)

《浅文理圣约》(Easy Wen-li Testament)（苏格兰圣经会出版）

《北方官话圣经》(Northern Mandarin Bible)

《南方官话圣约》(Southern Mandarin Testament)（这一版本分发后就没有再印）

《上海方言圣诗篇》(Shanghai Colloquial Psalms)

《福州方言圣经》(Foochow Colloquial Bible)

《福州方言马克和约翰（拼音版）》(Foochow Colloquial Mark and John, Romanized)

《广东方言圣约》(Canton Colloquial Testament)

《客家方言圣约》(Hakka Colloquial Testament)

《客家方言圣约（拼音版）》(Hakka Colloquial Testament, Romanized)

《宁波方言圣约（拼音版）》(Ningpo Colloquial Testament, Romanized)（旧约部分将要出版）

《温州方言福音和行传（拼音版）》(Wênchow Colloquial Gospels and Acts, Romanized)

《台州方言圣约附诗篇（拼音版）》(T'aichow Colloquial Testament, and Psalms, Romanized)

《厦门方言圣经（拼音版）》(Amoy Colloquial Bible, Romanized)

《汕头方言旧约和新约节选（拼音版）》(Swatow Colloquial Portions of Old and New Testaments, Romanized)

《海南方言马太和约翰（拼音版）》(*Hainanese Colloquial Matthew and John, Romanized*)

此外，还有阿拉伯文、藏文和蒙古文经书、英文等经书。

截至1893年12月，在过去的十年间，在上海发行的经文已达1 963 959册，接近200万册，其中绝大多数的经书出自上海的印书馆。此外，还有144 366册浅文理版本是从苏格兰圣经会购买和获得的，两者合计达到2 108 325册，年平均出版量达到21万册。这还不包括大量为福州地区使用而印制的官话或方言经书，以及为汕头、广东、海南琼州等地而印的方言经书，这些都没有算入上海经书的发行量。而同期在上海发行的报刊也达到1 945 125份，逼近200万份，年平均发行量为194 000份。另外，还有大量来自天津、福州、广洲和海南琼州等地的刊物，以及在英格兰印刷的厦门方言拼音经文。自1888年至1893年6年间发行的经书数量达1 327 991本，年平均发行量为22万本。

执笔：撒母耳·戴尔

由海格思（J. R. Hykes）牧师[2]提供以下细节。

美国圣公会

美国圣公会很早就对中国抱有极大的关注，组织传教活动五年后，我们认识了美国圣公会。他们对于开化教徒和拯救世界有着举足轻重的作用，他们坚信，中国这个人口众多、无统一宗教信仰的帝国未来能够向上帝打开大门，走入上帝赐予的世界。该教会出版的报告中指出：首先要引导中国的是，在这些东方国家翻译和传播《圣经》是上帝赋予的使命，对此要给予适当的认可。1820年，公会董事会把他们出版的质量最好的《圣经》赠予威廉·华德牧师（Rev. William Ward）[3]、克理医生（Doctors Carey）[4]和马士曼（Marsham）[5]，以此表明对"这些翻译《圣经》的上帝臣民所付出的恒久而卓有成效的努力"的认可，并且"管理者也向广州的马礼逊和马六甲的米怜表达了同样的尊敬和认可，他们如此无私地奉献出自己的青春和才智，为《圣经》在中国的广泛传播打好了基础"。这份报告同时指出："经文的汉译已经完成，而整个汉译版《圣经》出版的日子就指日可待了，所以这意味着，我们已做好准备用上帝的真知和旨意去感化千百万使用这一语言的人们"。这批《圣经》于1821年10月抵达目的地。为了表达对这些礼物的感激之情，马礼逊于1822年3月24日在广州写道："在中国本土免费分发《圣经》还不切实际，免费分发那些展示耶稣箴言和其救赎言论的书籍也不可行。希望在中国本土免费发放《圣经》而自由传教的日子尽快到来。"

70年前，这一作为《圣经》传播标志性的事件被认为是了不起的壮举，也是一次向上帝表示诚挚感谢的机会。1822年，"500本中文版《新约》和一些关于《旧约》的经书流入市面，但当时使中国皇权阶层传播圣书的策略仍不可行"。在这短短两代人的时间内发生了了不起的转变！1893年有关《圣经》的各类经书的总发行量几近50万册，在中国各省的权贵阶层中自由传播。上周，一本精装版《新约》送往北京，作为慈禧太后六十大寿的献礼。

首部完整的汉译《圣经》在1819年或1820年间由塞兰坡印书馆（the Serampore Press）印刷出版，也就是大家熟知的马士曼译本。三年后，马礼逊和米怜的译本出版，翻译工作在一年前即1822年就已完成。出版后，马礼逊立即向美国圣公会赠送一本完整的《圣经》。汉译《圣经》的出版被认为是"一项凝聚非凡勤劳、艰辛和毅力的工作"，"无疑是一项在未来让千百万人受益的工作"。

发行量增加的势头可从以下事实进行验证：1823年1 000册《新约》开始流通，并且大家"满怀信心地期待直接把经文带入中国成为可能"。这一乐观的希望未能如愿。马礼逊认为，"在中国大范围流通《圣经》还不太现实"。

此时，上述提到的两种版本的《圣经》开始发行，但需求量非常有限，而且发行仅限于中国本土以外的地方。《圣经》分发的进展缓慢，困难重重。许多世纪以来积累的各种痼疾一直根植于中华帝国，看不到一丝好转的迹象。换一种文雅的说法，就是上帝的箴言找不到进入秦国（中国）大地的合适的入口。这些在中国传福音的先驱们所做的工作正是他们心中那份非凡而不懈的信仰的永久丰碑。1825年至1831年，美国圣公会开始对国内事务给予特别的关注，而由于缺乏资金，它在国外的传教活动受阻。在此期间，教会报告中未提及中国。但是其无形的影响仍在持续，障碍会逐渐减少，中国的传教活动即将迎来新的黎明。

1832年，传教士裨治文向美国圣公会强烈呼吁"准备发行基督经文"。他正确地认识到中国长期受到基督世界的忽视，"这是一个相当可悲的事实",他说,"该事实应当让所有基督王国的人深感羞愧,经历几十个世纪,上帝的生动之词才被译成汉语,而中国这个国家的人口在整个人类大家庭中占据了如此大的比重。目前,我们可以判断,直到1819年完整的汉译版《圣经》才印制完成"。他接着说,"从此以后,让天堂充满欢心的改变到来了。尽管这些障碍让传教事业举步维艰而且困难重重,但是两个完整版的《圣经》、三个版本的《新约》、四本《圣歌》已完成并广泛传播,累计约12 000册或15 000册"。也就是说,这一期间流通的经书达到年平均1 000册到1 500册。这个数字仅相当于现在一天的发行量。当时尚没有合适的途经在中华帝国国土内流通经书。但第二年即1833年,据广东的传教士报道,一位贵族福音传道者梁阿发[6]开始在年轻学生和当地文人中分发《圣经》。1834年美国圣公会首次拨款3 000美元,用于资助在中国的经文传播活动。天朝(中国)的大门开始缓慢地打开,对于像传教士郭士立(Gutzlaff)[7]这类人而言,中国不再是对圣言关紧大门的国度。郭士立出行舟山以及浙江和福建等地,他说已向那些渴求的读者分发了5万册经文,麦都思也在福建分发了经文。

因此,可以说,在中国本土分发《圣经》的工作始于1833年,当时整个中国正在庆祝慈禧太后的六十大寿,也是圣书会迎来直接在中国传教六十周年大庆之际。女基督徒向慈禧献上精装版《新约》之举,竟然代表了双重祝贺,这难道只是一个巧合?还是故意有此之举呢?

60年前,人们认为上帝用手指出,中国将发生巨大的变化。

美国的基督徒对中国表现出极大的热忱,为了让《圣经》进入中国,他们做出了坚实的努力,而1838年《圣经》传播的前景则不容乐观。1839年,中国与英国首次交战,直到1842年8月29日才重返和平。期间,所有的传教组织遭受重创,更别说《圣经》工作了。然而,在经文传播遭受重重困难之际,《圣经》的翻译与修订工作仍在进行。当时旧版《圣经》大范围的免费派送遇到了不可克服的困难,这不能让人感到是欣慰之事。为了把上帝的箴言传递给世界上最大的异教国家,学者们应该考虑到《圣经》中译本的风格、习语和忠实的问题,把这些语言进行得体的转换,这本身无疑是符合上帝旨意的。麦都思、郭士立和裨治文在1835年编辑了《新约》,几年后,他们翻译了《旧约》。这为更加完美而学术性版本《圣经》的出版奠定了基础,这些事情是在1847年至1853年间发生的。裨治文和克陛存翻译版《圣经》在9年后即1862年末推出。由高德(Dr. Goddard)[8]完成的修订版《新约》于1853年出版,一年后,麦都思和施敦力把《新约》译成南方官话。

圣公会对于这项宏伟而重要的工作给予充分的财力支持,美国圣公会也不遗余力地承担了配额资金。从1833年开始的20年间,他们投入101 351.65美元用于在华《圣经》的印刷和流通。目前,这些资金主要是用于翻译和修订《圣经》中译本的工作。截至1862年,美国圣公会大约印刷了129 464卷经书,其中116 500本经书进入流通渠道。这也标志着中国推广《圣经》工作第一阶段的完成,期间的准备与耐心是为了迎接中国大门的开放。

1863年,在华传教活动跨入新纪元。上帝为教会进入重要阶段做好了准备工作，1863 年的教会报告写道："天道显然预示着教会在国外活动的扩大。"美国圣公会随后的历史足以证明，组成教会董事会管理阶层的神职人员着实领悟了上帝的这一暗示。尽管其间受到美国内战、中国太平天国运动、中国与英法联军战争的影响，但是教会的工作却进入最蓬勃的发展时期。

1866 年以前，在华传教士承担了《圣经》的分发工作，但其费用并没有纳入教会预算。所有投入中国的经费都用于翻译和出版。教会采取的一贯政策是免费发放经文报刊，而传教士自行负责分发工作。但是，这年经历了二次重大的变革，上海的美华圣公会雇用了 5 名当地人进行《圣经》销售，免费分发的做法取消了，这一直被认为是最不明智、最伤害感情的一项歧视政策。而采取的一个更为明智的方案就是以象征性的价格出售经书。这一措施立即导致发行量的减少，1867 年减少了 6 万册，但这超过了变革所纠正的不良做法带来的补偿。1868 年，在中国建立教会机构的问题再次提上议程，这一问题几年来一直萦绕着董事会委员。最终董事们达成一致，雇用代理人并非明智之举，主要考虑的是成本问题，另外，旧的方案仍然运行良好并带来了满意的效果。委员会认为，没有比传教士自行分发经书更好的方法了。当然，如果传教士们提出要求，可以允许他们雇用少量的帮手。

1870 年，在华教会活动受到天津教案的严重影响。也许，没有任何传教组织能够像圣经书社那样快地感受到内部局势不安和骚动所带来的影响。他们的代职人员是传教士先驱，广泛地分布在整个中国的偏远地区。他们在工作中遇到挫折自然是在所难免的。也许《圣经》分发的记录是衡量这种感受的更加准确的尺度。天津教案年间,《圣经》发行量降至179 242册。1869年、1870年各类经书的发行量分别为:

	《圣经》	《圣约》	《节选》	合计
1869年	107册	16 268册	200 110册	216 485册
1870年	81册	3720册	33 442册	37 243册

直到1884年,发行量才重返1869年的数量,值得注意的是那年的发行量达到前所未有的60万册。有几个原因可以解释这一标志性的骤减。1866年以前,所有经书是免费发放的,尽管该年正式确定用销售《圣经》的计划代替免费发放。新的政策得到广泛实施也得花上好几年的时间。由于传教士们自愿而无偿地为教会提供服务,没有代理人员来监督实施这一新政策,他们有权决定是否按照政策执行。这样免费发放经书仍可能实施几年。后来,大家明白不加选择地向异教人群出售完整《圣经》这一做法并不现实。1874年,由美国圣公会赞助出版的中国官话版《圣经》恰好验证了这个观点,这种做法过去从来没有大范围实行过。在此之前,全译本《圣经》(一些地方方言版本除外)只有古汉语或文学版,如今,首次出现了中国14个省的白话版《圣经》,这也许会吸引那些年轻且未开化的人士来传播《圣经》。因此,向这个异教的民族售卖完整的《圣经》是毫无用处的,但是售卖单一福音书刊是值得推行的。发行量减少的另外一个原因就是传教士的工作日益繁忙,他们只能间断地从事分发工作。早期,他们的工作流动性强,走到哪里都带

上大量的经书。当教会开始组织他们工作时,他们的工作更趋稳定,《圣经》的传播自然也受到影响。

1875年,《圣经》的发行量是圣经书社开始在中国活动以来的谷底,仅有13 289册分发出去。

这年也标志着圣经书社另一时期的结束。50年来,所有的经文都是由传教士免费发放的。1866年后,少量经费用来支付销售人员之外,分发工作并没有占用圣经书社的资金。在华的各美国教会都得到了补助,同时他们可以从其他的圣经书社调用经书并得到全额补助。各个教会直接向纽约的董事会汇报。然而,报怨最多的是,教会没有收到任何的收益。在这一政策下,1875年以前(包括1875年)经书的发行量如下:

《圣经》	《圣约》	《节选》	总计
18 380册	105 408册	1 489 994册	1 613 782册

发行量如下:

| 9610 | 79 123 | 1 135 412 | 1 224 145 |

支出费用为218 500.15美元。

1863年至1875年的发行量如下:

《圣经》	《圣约》	《节选》	总计
9317册	79 935册	1 203 114册	1 292 780册

或者说,年平均发行量为99 445册。

同期支出达到117 148.5美元,年均为9011.42美元。

1875年,医学博士古利克(Rev. L. H. Gulick)神父被派往中国和日本行使神职。他于当年9月29日抵达日本横滨。古利克博士任职不久，就制订了扩大教会及改善行事效率的计划。其中一项措施就是在教会监督下，加大零售经书的力度。另外，雇用一名外国售书人员。1878年，约翰·索恩（John Thorne）成为首位外国售书者。他在中国的许多省份为教会做出了有价值的贡献，1887年退休。次年，巴格诺尔先生（B. Bagnall）接手这一工作。随后一年，安东·安德森（Anton Anderson）先生和A.戈登（A. Gordon）加入销售经书行列，到1884年为教会售经书的外国雇员已达8人。他们又雇用了58名中国本土的销售人员作为下线。

这位新的传教士为传教工作注入了新的活力，圣书的发行量也稳步上升，一直持续到1887年。当年销量已达到252 875册，这是年售量的最高纪录了。1882年是印刷量最大的一年，《圣约》加上《节选》总计达到341 800册，全部由圣书会发行。

1890年，古利克博士由于健康原因而退休，不久以后，他就病逝了。接替古利克的是裴来尔牧师。在裴来尔牧师的英明领导下，圣书发行量在1892年达到一个高潮，即245 087册。1893年，裴来尔逝世，这一职位由海格思牧师接手，他于当年12月1日正式主事。

自在中国设立神职人员以来的18年间，经文发行量为：

《圣经》	《圣约》	《节选》	总计
11 243 册	120 416 册	2 944 313 册	3 075 972 册

进入流通环节的经文年平均发行量为170 887册。

截止1893年底，圣公会共印刷的经书册数如下：

《圣经》	《圣约》	《节选》	总计
25 148 册	237 173 册	4 565 921 册	4 828 242 册

其发行量为：

《圣经》	《圣约》	《节选》	总计
20 974 册	200 351 册	4 147 427 册	4 368 752 册

各种费用总计约为 530 219.47 美元。

除了大量中文圣书的改版外，还有 17 种不同的版本出炉。其中一些版本，如裨治文和克陛存的文言文版《圣经》、官话版《旧约》、粤方言《圣经》和上海、苏州、金华方言《圣经》等，都是由美国圣书会全额资助出版的，属其专有财产。只是杨格非博士的版本由苏格兰圣书会出资，最早的文言文和几种方言版本属于英国和外国的圣书会。可以确切地说，美国圣书会协助新教传教士编制了所有版本的汉语经书。

1892 年 6 月，中国教会的出版目录中列举了由 8 种方言撰写的 308 种汉语圣书。刚刚公布的新目录中有 10 种方言撰写的 396 种我们自己的出版物。

圣书会同意由《圣经》销售人员出售一些非宗教类的基督文学作品，管理阶层的董事会也批准，一旦经即将召开的总教会会议委派的委员会同意，即可发行一些有注解的经文。

去年即 1893 年，圣书社资助出版了 11 200 本《新约》、230 700 本《节选》，总计 241 900 册。圣书社雇用了 4 名外国销售人员、62 名中国本地人来分发经文。12 名传教士为书社监管销售人员。这些工作人员几乎遍布当时整个中华帝国的各个省份。这一年的总发行量为：

《圣经》	《圣约》	《节选》	总计
978 册	8845 册	182 392 册	192 215 册

此发行量比往年减少了 5 万册，主要原因是中国代理人的总负责人亡故。

值得一提的事情是，31 年来，圣书会发行了 20 974 本《圣经》，年平均仅 676 本。如果这一数字是当今的发行量，那还不足以本地十分之一的教徒人手一本的供应。200 351 本《圣约》中《旧约》只有 13 400 本，平均一年才 432 本。一个不争的事实是，《圣经》和《旧约》发行量的增加与当地教堂的增加有着直接的关系。这最终清楚地表明这些圣书的去向。

圣书会对教会至关重要。它的运作无论多么广泛，都不能长期局限于本国。在光景好的日子，每个人的工作都要像在萧条之时一样去努力。不难发现，美国圣书会在中国的传教活动中就具有这样的好特质。在教会活动初期，通过阅读《圣经》而皈依基督的案例时有发生，如今，还不到一年时间，我们听到的是许多人通过搜集经文而做出了英明的决定，成为灵魂得救者，"进入那个世界的入口，亮起了明灯"。

代理人：海格思

计约翰先生提供了苏格兰国家圣经书社（The National Bible

Society）的详细介绍。

苏格兰国家圣经书社

苏格兰国家圣经书社于 1860 年成立，由苏格兰一些分属不同城市的圣书社组合而成。其中有些书社可以追溯到本世纪初。该书社组合后不久就派遣韦廉臣牧师（Rev. Alexander Williamson）[9]赴华传教，开启了在中国的传教活动。韦廉臣博士后来成为闻名遐迩的同文书会的创始人，他还是《华北游记》（Journeys in North China）一书的作者。韦廉臣牧师于 1863 年来到山东烟台，以此为据点周游了整个中国北部及蒙古地区，包括山东省及周边的吉林、山西、陕西及河南等省份。于此同时，同样杰出的传教士伟烈亚力则代表大英圣经公会走遍南方各省。1871 年，莫维廉（Rev. W. H. Murray）[10]来到北京，他的工作与盲人传教事业紧密相连，至今仍居北京。1877 年计约翰被派往汉口，目前汉口成为圣书社在中国的运营总部。

除了莫维廉和计约翰两位先生外，截止 1894 年 10 月，苏格兰国家圣经书社还有不少工作人员，如安南德（A. S. Annand）、沃克（M. J. Walker）在北方各省活动，以天津为总部；怀特豪斯先生（S. F. Whitehouse）在东部省份，以镇江为主要据点；约翰逊（F. R. Johnson）以厦门为据点在南方活动；詹姆斯·默里（James Murray）以重庆为据点在西部各省布道；密尔沃德（W. Milward）和格雷格（A. L. Greig）两位在汉口传教。这 9 位欧洲传教士加上大约100位当地经书销售人员，就是当前整个圣书会的工作人员的团队。

圣书会在中国活动的三十年中总共发行了86 351本《圣经》和《圣约》以及2 582 650本《节选》小册子。与《节选》比较，《圣经》与《圣约》数量较少，主要原因是圣书社发行的主要宗旨是传播福音，让那些完全不信教的人开始接受部分教义观念，而不是让他们购买完整的《圣经》。在最后五年,《圣经》、《圣约》及《节选》经书的年平均发行量上升到了近25万册，其他有关基督的经书及摘录也达到同等数量。

苏格兰国家圣经书社的成立晚于其他一些大型书社，但幸运的是，它比其他书社有着更加弹性的制度，所以，它的工作方式比其他书社更为自由。刚开始，书社就允许其行职人员发行经文的同时发行一些文学作品。出于此目的，韦廉臣博士对于发行一些合适的文学作品并未横加干涉。圣书社也准许推广一些带有注解的四福音书。目前，他们正考虑批准发行一些与他们的经书相关的介绍资料，供非宗教人士阅读。这种更加宽松的做法赢得了传教机构的大力支持，也为各省的传教士对下属中国本土经书销售人员的管理树立了榜样，并且它通过其他各种方式获得了赞助。

1883年8月，格里菲斯·约翰博士（*Dr. Griffith John*）的简易文理翻译本《圣约》首节出版发行，大受欢迎。其影响是如此深远而广泛，以至于他和圣书会都深受鼓舞，决定继续翻译完成剩余部分。首部完整的《圣约》于1885年10月出版，不久后同样风格的《赞美诗与典故》以及官话版《圣约》相继问世。这些都得到了仔细的修改和修订，然后更为固定的版本在各个地区流传。如今，圣书会95%在中国流通的经书都出自这些版本。自诞生之日起至今的1894年10月31日，《圣约》发行数量达到44 521本，《节选》小册子达到2 101 000本。这些数据充分说明了这些版本所受欢迎的程度，也进一步显示译者格里菲·斯约翰博士对苏格兰圣书会及中国传教事业做出了重大贡献。

苏格兰国家圣经书社借助设立于汉口的出版社倾力进行圣书印制，这里有大型而齐全的设备。所以，它除了大力提供最适合版本的圣书外，还承担着想方设法改善经书的外观和降低印书成本的责任。在经书社自身的努力下，这两方面都取得了巨大的进步，这令书社非常满意，也让其工作有所收获。由于是圣经书社赞助的版本，又是在该书社印刷，自己的人员负责分发，加上数百位热心人士的帮助，苏格兰圣经书社可以说是所有在东方活动的书社中最自由和宽松的，也是管理得最好和最富开拓精神的。

为了以最有趣和最权威的方式向读者介绍各圣经书会的准备、出版和分发圣书的方法，我们已经向那些圣书社工作人员咨询，也有机会向他们了解情况。他们为书社进行了探索性工作并仍然为其服务。

牧师慕维廉博士为伦敦传教会服务，在中国上海活动。他于1874年来到中国，以下为其提供的信息。

宗教圣经书社东方支社

这个支社的成立得益于上海圣经书社委员会，当时他们在上海的传教活动尚处于萌芽期。起初，仅有一小部分工作在此完成，因为能担任出版合适经文书刊的人太少了，即使有这样的人选，他们也是极度繁忙。然而，这里却有许多人习惯性地参与在城市和医院举办的各种宗教服务，同时有很多人参与在一些村镇举办的临时性宗教活动。随着时间的推移，工作量大大增加，主要是印刷书刊的数量越来越多，而分发的地区也更加广泛。偶像崇拜性的大型集会定期举行，这为开展宗教活动提供了极好的机会，传教士也因此有机会与普通民众接触，而在平时，人们很难有机会与他们见面，这样的集会也把他们引入了探寻生命与救赎的方式中。但是，我们要特别提到那些年轻的成员们进行救赎的各种途径，他们深入中国的各个角落。一直以来，由于领事机构的限制，传教士们布道的对象仍然仅限于居住城市附近的居民。现在，他们开始涉足上海周围省份的腹地和周边地区。这得归功于已故的埃尔金勋爵（Lord Elgin），他当时作为驻华大使，在这边主持事务。我们和他有着一段愉快的交流并曾对他游说，这也对第二个条约的形成产生了影响，这样我们就有更多的自由来进行传教工作。

传教相关的工作持续了数年。当然，这期间也出现诸多变故，如传教士的轮换更替，新教会的创立等。在这里，《圣经》与经文得到了更有力的传播，或许是采纳了更加适合的传播方式，这里的《圣经》传播效果比在上海等地更加有效。

这些年，伦敦宗教圣经书社对我们的工作给予不遗余力的支持。我们对这些支持也做了持续的报道，我们每期的报告都在月刊或年刊中刊登此类内容。圣经书社做了大量的印刷工作，既有原语书又有翻译为中文的书。这些书的直接效果就是让许多中国人有机会了解生活圣言。我们只能让自己确信，我们用这种方式做的是有益的工作。用这种方式展示真相，让人民充分认识到自身的不足。但是，我们知道，我们的许多出版物都广受欢迎。我们也明白，在传教事业中，如果没有这些"无声的信使"得以发行，如果没有在人们中间播下这些种子，那么我们现在所看到的一切都不可能发生。

1891年，在印度传教的默多克博士（Dr. Murdoch）来到上海。他在印度多年，工作极为出色，主要是为本土基督书社服务，他是该社的主创人。他具有非凡的组织能力，在一定程度上，他本人就是伦敦崇教圣经书社的代表。他建议在中国北部、中部和东部分别设立分支机构。这一提议得到认可并很快付诸实施。但后来由于种种原因，在东部的机构未能像其他两个地区那样很好地建成。但我们仍然希望这边的各种事务能够成功开展并且得到相应的重视，希望传教事务在这一区域得到特别的关注。该省及周边省份由于居民的文学和文化水平高而知名。如果所有的传教士都联合起来，共同努力发展传教事业，采取分工合作的方式，而不是单干，那么这种做法显然更有利于整个传教事业。我们希望可以像其他的行业一样和谐有序地开展传教工作。为了回应诚挚的祷告者，我们也寄望通过这种方式采纳更庞大的的传福举措，提供更多合适而有效的服务。

以下关于中部宗教圣经书社的内容由托马斯·布莱姆菲特牧师（Rev. Thomas Bramfitt）提供，他是书社秘书兼财务主管。

中部宗教圣经书社

中部宗教圣经书社成立于1876年，总部在汉口与武昌，重庆设有分库房。

在湖北活动的基督新教传教士也被列为该社成员。

该社官员与执行委员会每年一月份在整个传教士的年会上被推选产生，同时秘书在这次会议上阅读年度报告。

在该社组建时，杨格非牧师（Rev. Dr. John）[11]向委员会提供了大量人们广为熟悉的经书，书社当然接受了这批赠书。此后，许多由其他作者写的经书也得以接纳。约翰博士后来又增加了一些经书，所以，至今，给那些非宗教读者提供的圣书经文的数量和种类是无与伦比的。当地教堂的管理也是前所未有的。书社去年收到《和谐的福音》（Harmony of the Gospels）（由圣公会成员翻译）的书稿，由约翰博士编写的简易完整文理评论版《马太福音》也得以出版，在编写此书时，委员会正计划出版所收录的330篇赞美诗的圣歌集，相应的曲本也要出版，这里包含大量适合中国人学习的简单曲调，他们甚至编入当时未成熟的一些音乐成果。我们相信，这样的作品将证明是书社出版物中最有价值、最有用的，并将是心灵的真正联合的写照，这也是中部传教士们的优势。因为这是一个支委的劳动成果，这个支委是在每年一月举行的年度会议上由所有传教士在总委员会中推选而出的。

自中部宗教圣经书社成立以来，其经书每年发行量快速增长，从1876年的7000册增加到1890年的1 093 200册。仅一年例外，由于动乱，1891年的经书发行量跌至846 100册，但进入1892再次逼近100万册。去年，由于中国爆发全国范围的排外事件，加上一些明显的临时性原因，我们的信任度也受到动摇，出版量再次下降，只有858 399册。1876年至1893年间总出版量（包括重庆库房在1891年至1893年售出的228 087册经文）不低于7 098 316册。汉口分部销售经书的现金达到42 283.85美元，相当于5万美金或1万英镑。

书社所销售的出版物不仅限于中国18个省和所有的自治区，而且包括所有蒙古族的国家，如高丽（朝鲜）、暹罗（泰国）、东京等，还有澳大利亚、英属海峡殖民地、加利福尼亚、英属哥伦比亚以及中国人可以发现工作或发财机会的所有地区。

年复一年，我们书社写下了令人鼓舞的一页，我们的成员将带着"坚定的希望"即"我们的努力在主看来没有白费"继续努力；相反，这种信念一个月比一个月变得更有威力，这也是取悦万能上帝伟大力量的决定因素之一，这种力量让普通大众得以重生。

我们从范约翰（Rev. J. M. W. Farnham）牧师[12]那里得到以下细节。

中国宗教圣经书会

1878年春，代表中国各区域的传教士聚集上海，在牧师孙罗伯（Rev. Dr. Nelson）博士[13]家召开了一次会议。会议讨论了成立中国圣经书社的问题，与会者多达50人。经过自由而全面的讨论，一个常务委员会成立并授权联络未出席会议的传教士，同时讨论成立书社的方案是否可行。在征求了所有在华传教士的意见后，18人接受了代理职务，其中有慕维廉博士、主教禄赐悦理（Russell）[14]、施约瑟（Schereschewsky）[15]、包尔滕（Burdon）[16]、迪安·巴迟勒（Dean Butcher）、J.W.（Drs. J. W.）、兰布斯博士（W. R. Lambuth）[17]、戴德生博士（Hudson Taylor）[18]、林乐知（Rev. Drs. Allen）[19]、保灵（Baldwin）[20]、达吉瑞（Davis）[21]、艾约瑟（Edkins）[22]、哈巴安德、罗尔梯（Lord）[23]、韦廉臣（Williamson）等。1878年10月，理事们在上海教区召开会议。第一部章程由慕维廉博士起草，而且他为书社取了英文名，主教施约瑟（Schereschewsky）[24]为书社取了中文名。主教禄赐悦理被推选为理事会主席，施约瑟主教为第一副主席，范约翰为联络秘书，艾约瑟为监督委员会主席，至今他仍然在职。

1879年，主教禄赐悦理病逝，哈巴安德被选为理事会主席，行职直至1890年离开中国，此后艾约瑟接替这一职位。据书社章程，理事会由一半中国人与一半外国人组成，书社的主要职责是在全中华帝国内传播基督文学。不久，书社推广的作品不仅限于传教士居住和涉足的中国各个地区，而且遍及美国、夏威夷群岛、直布罗陀海峡、澳大利亚和新西兰。

书社出版了《小孩月报》(*The Child's Paper*)，现在已进入第20个年头。书社还出版了《点石斋画报》(*The Chinese Illustrated News*)，走过了15年，这两种报刊都由伦顿宗教圣经书社赞助。美国圣书社也在很多方面给予了宝贵的支援。我们希望书社能够在任何地方都有效地开展工作，通过各种手段继续开展工作。那些受到欢迎和关注的独立书社以及中国北方和中部书社的工作做得非常成功。上海南方分社的工作仍然受当地委员会的控制。

很不幸，由于与北方分社的联络信件已不知去向，我们无法提供一手的、完整的相关细节。

中国北方圣经书社

我们目前能确定的是，中国北方圣经书社于1882年在北京的一次会议上开始组建。来自天津的几位传教士出席了会议，他们经过热情而和谐的讨论，成立理事会，由各个教会的资深成员代表组成，委任他们写出章程和相关法规。根据《教务杂志》第十五卷的记载，该教会完成了第一年的工作目标，正是"羽翼丰满，展翅飞翔，犹如壮汉出征"之时。

一个由24名管理者组成的董事会负责书社事务，他们是在年度会议上由教会成员投票选举产生的。董事会（每个教会至少有1名成员参与）再选举出主席和出版委员会。

从1890年12月31日的年度报告来看，由于上海和福州的书社相距遥远，新圣书的供应往往会推迟。近期北京的教会书社得以发展，或许未来这种麻烦可以避免。然而，1890年的库存备货似乎相当充足，共收到1 356 034份经文、258 987份刊物。由于当地的积极捐助以及伦敦和美国宗教圣经书社的慷慨解囊，书社的资金运营状况非常好。

这份报告也让我们高兴地看到，经文的传播对福音传递起着很好的辅助作用。例如，关于为有兴趣的人士设立培训班的报道中，班培训几乎所有成员都描述过他们在阅读经文后不由自主地就开始接受基督教了。无论是在准备周日学校课程还是出版宗教期刊和分发经文给学生测验等方面，书社的工作都做得非常出色。

我们以下面的特定内容来感谢力为廉牧师。

福建北部宗教圣经书社

早在1871年，福州教会联盟任命一个委员会，其成员有劳埃德牧师（Rev. Ll. Lloyd）、许高志（Geo. H. Hubbard）牧师[25]和力为廉牧师，由他们来评估成立联合圣经书社的可行性。这个项目似乎是众望所归，委员会每位成员代表自己所在的教会承诺捐助50美元作为联合书社工作的基本资金。1891年11月2日，这个委员会向福州教会联盟呈交了工作报告并推荐了以下章程，摘录如下。

福建北部宗教圣经书社章程

一、命名——该组织取名为福建北部宗教圣经书社，总部设在福州。

二、目标——书社目标在于传播圣书与经文，遵照其制式与英格兰和美国宗教圣经书社一致的原则。

三、成员——所有新教传教士、福建北部圣经书社的行职人员及所有愿意进一步合作完成书社标的人员，他们可以向秘书会申请成为正式会员。

四、官员——书社行政人员由主席、秘书、司库、库房秘书构成，均由年会上推选。

五、行政——书社事务由六人组成的行政委员会行使行政管理权，他们包括上述各职位。委员会应该在年会上从总部的会员居民中选出，该委员会有权进行空缺职位的增补。必要时，委员会成员需要对圣书和主要事务交接的监督。

六、年会——书社年会定于每年一月的第二周在福州举行，通过上一年的年度报告来选举当年的职员和委员。全体大会则当有重要事务待议时择期举行。

七、书社出版——所有由书社出版的经书和经文必须首先呈交委员会审查，未通过多数委员表决的经书不得选用和出版。

八、定价——待售经文的价格由委员会定出。

九、拨款——书社的书版申请必须由库房秘书提出，对出售圣书经文的费用由库房秘书下拨给会员。会员们要对这些经费的使用负责。用于大量发行经文捐助的要求必须征得行政委员会的同意。

十、捐助——司长有权代表书社基金会收集捐助。

十一、报告和明细——年会报告和明细应该印发并传阅。

当时选举出的书社行政人员有：主席夏查理牧师（Rev. Chas. Hartwell）[26]、秘书兼司长劳埃德、库房秘书力为廉牧师和维嗯·阿奇迪肯沃尔夫（Ven. Archdeacon Wolfe）、薛承恩博士、吴牧师和其他行政委员会成员。卫理公会书社作为书社的库房。司长有权向传教士以及伦敦美国宗教圣经书社和卫理公教会对经书征集捐款捐助。

第一年收据显示，三位福州传教士各捐助 50 美元。捐助明细如下：

美部会、圣公会与卫理公会合计 150 美元	
传教士捐助	151 美元
伦敦宗教圣经书社	537.06 美元
美国圣经书社	434.85 美元
H. & S. 银行利息	11.02 美元
合计	1283.93 美元
支出	899.53 美元
1893 年 1 月 1 日账户余额	384.4 美元

第一年印刷了 46 500 册经书，其中 13 665 册进入流通。

书社第一次年会于 1893 年 1 月召开，除了行政人员做报告外，夏查理主席对福建北部发生的有趣的事迹做了汇报。

选举出的第二届行政委员会有以下人员：夏查理牧师、劳埃德牧师、力为廉牧师、吴牧师、沃利（J. H. Worley）牧师和麦克莱兰（T. McClelland）牧师，前三位为前任行政人员。

司长的报告中收据明细如下：

1892 年结余	384.4 美元
伦敦宗教圣经书社	581.82 美元
美国圣经书社	451.44 美元
传教士捐助	78 美元
售书款	164.98 美元
H. & S. 银行利息	6.1 美元
合计	1666.74 美元
支出	642.61 美元
1894 年 1 月 1 日账户余额	1024.13 美元

库房秘书报告如下：

印刷圣书	29 500 册
折叠经文	54 000 册
年历	30 000 册
合计	113 500 册

包括 1 868 000 张单页资料，其发行量如下：

圣书	21 289 册
经文	22 680 册
年历	30 000 册
合计	73 969 册

1894 年选举的行政人员与上年基本一致，只有班为兰（William Bishop Banister）[27]替代回国休假的 L. 劳埃斯牧师（Rev. Ll Lloyd）。

书社出版特卖给委员会成员的出版物因人而异，大约介于成本价的三分之一与三分之二之间，向非成员及传教士居民则以成本价出售。

经文出版的订单需要发给福州教会书社的负责人，然后该负责人将提供订单明细申请。

我们相信读者会对前面所提到的一些书社主席演讲内容感兴趣，在此向各位奉上。

早期福州经书的传播回顾

夏查理

在福建北部宗教圣经书社首次年会上，相信大家会对福州地区从事经书传播工作的各位传教士的活动细节感兴趣，或许更加吸引人的是向各位读者呈现自始以来在华传教士所有详细的话动，向各位展现他们是如何印刷和分发这些宗教作品的。可是，我对此无能为力，因为有关这些事务的详细记录并不存在，所以我只能向读者提供一些我能够回想起来的事情。这些细节是我从所知道的其他人的记录中获得的，有些来自我与当地居民的一些接触经历中。

我在1853年6月到达之前，传教士们已在福州居住了近六年半。期间，他们已经分发了许多经文、书籍和经书。有些是从其他港口带入的,但大多数经书是在当地印刷的。传教士们开始出版福州话的《圣约》,并且很快他们开始用当地语言印刷发行《圣经》。起初,英格兰教会在用古汉语传播《圣经》方面做了大量工作。美国教会则由于各种原因,对用白话译成的经文发行给予极大的热情。现在我认为,如果当时没有流通如此多的白话版经文,我们的布道工作就会更加不容易。尽管当时存在大量的白话版经文并在大街上公开出售,但是大家对这类经书有一种明显的偏见,而初期布道工作中就出版了这么多的白话版经书,这导致许多人对基督书籍产生了反感。无论如何,教会还是有点收获,也为后来的成功做好了铺垫。

如今,一些白话版经文已经不再印刷了,其中有保灵博士的文章《论上帝》(On God)和它的简易版《耶稣教诲介绍》(Introduction to the Teachings of Jesus),还有卢公明(Doolittle)[28]先生的文章《论海神》(On the Goddess of the Sea)、《论鸦片》(On Opium)、《瑞士制表商》(The Swiss Watchmaker)等。但保灵博士的口语版《基督教议问答》(Catechism of Christian Doctrine)近期仍被人们大量使用。而福建北部宗教圣经书社也将印刷由斯图尔特(Stewart)[29]完成的此书节略版。卢公明先生的白话版《天文学问答》(Catechism of Astronomy)修订后仍在我们当中使用。而它的简易书面语译本多次出版。麦利和博士也为准备福州话经文书刊做了一些工作。

起初,我们出版的许多古文版经文和经书都是其他教区传教士出版物的重印本，其中一些印本或多或少做了修订以改善其风格和教谕，有的简化了"上帝"和"精神"这类术语，以调整成相应的福州话。米怜博士的经文《张远两友相论》(*The Two Friends*) 是我来华见过的标准经文之一，现在是我们最实用的出版物之一。他的作品《论灵魂》(*On the Soul*) 由卢公明先生修订并计划在此出版，但后来被另一本经书取代，该书由之前在宁波工作的麦嘉缔培端博士改编，此书现在列入我们的出版作品。卢公明博士几年来一直在出版历书，其中不少印有大量基督教诲、介绍外国和其他大家感兴趣的话题，而且附有由理雅各博士助手霍先生（**Mr. Ho**）撰写的《圣经》简介。这些书深受民众喜欢，也很容易卖给中国人，毫无疑问这是非常有益的。卢公明先生也修订和出版了一本极富争议的经书，即罗马主义者编写的《反对错误的教义》(*Against Erroneous Doctrine*)，此书披露了中国人膜拜偶像和迷信的愚蠢行为，另外他还出版了一本小书，主要由他的基督教汉语教师完成，该书驳斥了当时人们对基督教的一些指责。这些书现在看来并不需要，但在当时却有着很好的导向。

如果我回忆起来所有书社和教会资助出版的经书和经文，那将会是不胜枚举，而既然我无能为力，也只好作罢。无论是用古文还是白话文出版的各种经书都发挥了积极的作用。古文风格的经书更适合在文化人之间传播，也适合一些不熟悉福州话的人群。白话经书却很适合基督教会学堂的学员和我们身边的人群使用。在我们出版的经书中，就有这样一些类型的。

据说,白话文经书在我们基督徒中间的广泛流行始于白话赞美诗的大量普及。宾威廉(W. C. Burns)[30] 1859年秋来此之前,所有的赞美诗都采用书面语,有的表达到位,有的却相当拙劣。伯恩斯先生自己出资为大家出版了一本白话小赞美诗集。大多数开明的基督徒对他的认可,也推动了白话赞美诗在公众中所接受并在做礼拜时大量使用。现在,目睹所有的教会为大家提供改良的白话赞美诗集所做的努力,这一切令人欣慰。

正是白话赞美诗的前期准备,为白话经书的相对成功奠定了基础。这类白话文经书迎合了中国人的口味。

第一本白话经书为《五言白话书》(*Five Cheracter Colloquial Book*),由我的一位老师提出设想,他后来就职于卫理公会,一直工作到去世。他首先编写了"论孝顺"这一章,后来拿给我看并献言,如果你出版这种白话风格的书,它们将在你的学校大受欢迎,也会被其他人阅读。后来该书稿以单页形式发行并被我们教会所使用。一位传教士送了一份给一个男孩,他简单地看了一两遍后,很快就把它的内容背诵出来,而且其喜悦之情表露无遗。这小男孩的父亲也在场,他对该页中与祖先信仰不符之言表示异议,责备教士向孩子分发这些经文。鉴于第一章的成功,其他的章节也给了这位中国教师,他完成了整本书的撰写,修订后出版。过去几年中,这本小册子重印了许多次,我们仍将这本书和其他一些赞美诗小册子列入出版清单。

传教士刚来福州时，他们都免费发放经书。有的传教士不愿意销售经书和其他基督书籍。这一免费发放经书的做法导致一些经书的泛滥，尽管免费发放有其积极作用，但我认为这并不会达到预期的效果，这种做法也许只是另辟蹊径之举。但并非所有经书都免费，50年代后期，卢公明先生由于售书大获成功而闻名。据我所知，他在一两名中国人的陪伴下，步行两三个小时去销售经书，往往带回几百元至上千元不等的现金，有时甚至达到了1500元的售书收益。现在中国人都知道我们的经书主要是售卖的，而非免费赠予。这件事令人鼓舞，表明我们在中国传播基督文化的工作取得了重大突破。

我所了解的基督出版物取得了显著的诸多收益，我只能给出一个例证。30年前，我们有的传教士已开始向科举考试中脱颖而出的文人分发经文书籍。60年代，卫公理会开始出版叶纳清（F. Genaehr）[31]牧师的书《真信条的平衡》（*Balance of the True Doctrine*），其中一本给了当地一名参加科举考试的秀才，他仔细阅读此书后，又买了一本《新约》并加以细读。随后，他用韵律的形式写了一个基督教学纲要，拿到我这里。这个千字纲要的语言极为讲究。稍加修改后以散页形式发行，后来以书籍形式出版并附上一位基督教师的评论。这本书就是现在我们书目中的《五字经典与评论》（*Five Character Classic with Commentary*）。此后，这位秀才佟先生和我一起写了许多关于批判儒学的文章，发表在上海出版的中文期刊《环球杂志》（*Globe Magazine*）上。他做了大量有价值的工作，但非常遗憾，他去世前仍没有正式成为基督徒。

　　对于这里的出版与传播基督文学事业，我们有充分的理由感到振奋。这里的人们思想比以前更为开明，他们更加愿意去接受基督教诲，而我们出版并发行如此多的优秀作品，这些事实都让我们信心满怀。用基督去感化一个异教语言的国度，推动一个异教社会福满基督真理和思想，这是一项神圣而伟大的工作。而宣教印刷品和传教士们口头福音宣讲共同促进了这一事业的蓬勃发展。我们圣书会的影响范围也将进一步扩大，我坚信它的繁荣将是我们诚挚努力的最好回报。

―――――

5月30日晋江的李德立教士在最新的圣书会报告中说：

　　两年前，晋江传教士集会成立了圣书社，具体工作已在此次会议上完成。翟雅各牧师被推选为主席，本人担任秘书和财务总监职务。书社日常开支由美国圣书会、周日学校联盟和圣书会、纽约和伦顿的圣书会共同承担。1890年，圣书会出版了教会月刊《汇报》，该报由圣书会掌管，一直运营着。笔者担任该报运营前三年半的编辑，目前扩刊出版，由福开森（J. C. Ferguson）[32]接手。圣书会也发行了一份季刊《周日学校课》（Sunday School Lesson），由福开森负责编辑。大量的评论、科学问答、官话指南和其他作品（包括单页经文和日历）将继续出版。目前，圣书会委员会成员有翟雅各、李德立、班伯理（J. J. Banbury）、艾里什（R. O. Irish）、尼克尔斯（D.

W. Nichols)、师图尔(G. A. Stuart)[33]和库思非(C. F. Kupfer)[34]等牧师(华中书社也接受一年一度选出的出版委员会的监督和管理)。

我们书社和圣经书会在英明的管理下,仍有大量的提升空间。我们应该继续为中国的基督教工作贡献力量。

前面的报告内容已足够详尽,毋须对圣经书会的组织和管理能力、发行手段或教会与书社关系等做进一步的描述。我们仅想借用汕头汲约翰牧师来信中一句鼓舞人心的话,此话也出现在圣经书会报告第47页:

去年11月,我很高兴为一位中国人洗礼,他的皈依直接受益于八年前所购买和阅读的一本经书,这本经书名为《守庙人对话》(Conuersetions with a Temple-keeper),属旧式风格,我认为是已故的叶纳清先生(Mr. Genachr)所著,也就是现在简易文理译者之一叶先生的父亲。

注释

[1] 李太郭先生(Mr. George Tradescant Lay, ?—1845),又译为乔治·特拉德斯坎特·莱,英国人,中国海关第一任总税务司李泰国(Horatio Nelson Lay)之父。1825年来华,在澳门及广州采集植物标本,直到

1828年。1836年以英国圣书公会代理人身份再度来华，不久进英国领事界，任英使璞鼎查的翻译。1843年被派为英国驻广州首任领事。1844年为福州领事，1845年调任厦门领事。同年在任上去世。李氏在《中国丛报》上发表过许多关于中国的文章。著有《实际的中国人》(The Chinese as they are: Their Moral, Social and Literary Character)（1841）一书。李妻为英国海军名将纳尔逊的侄女（Mary Nelson）〔根据《近代来华外国人名词典》（中国社会科学出版社，1981年）第278页内容整理〕。——译注

[2] 海格思（John Reside Hykes, 1852—1921），又译为海克斯、约翰·雷塞德，美国美以美会教士。1873年来华，在九江传教，直到1893年。嗣后任美华圣经会上海代理处代理人。著有《美华圣经会八十二年史》(The American Bible Society in China, The Story of Eighty-two Years')（1815）等书〔根据《近代来华外国人名词典》（中国社会科学出版社，1981年）第225页内容整理〕。——译注

[3] 威廉·华德牧师（Rev. William Ward），英国浸礼会传教士，曾经与威廉·克理（William Carey）、马士曼（Joshua Marshman）一起传教。1827年，脱离浸礼会。——译注

[4] 威廉·克理（William Carey），即克理，英国浸礼会传教士，曾经与威廉·华德（William Ward）、马士曼（Joshua Marshman）一起传教。1827年，脱离浸礼会。——译注

[5] 马士曼（Joshua Marshman, 1768—1837），英国传教士，是最早从事在华传教事业而从未在华人中间传教的教士。1768年4月20日出生于威尔特郡的威斯伯雷（Westbury Leigh）。青少年时代阅读了大量书籍。1794年在布里斯托尔受洗并成为布拉麦德（Broadmead）的教会成

员，在当地的专科学院花了 5 年时间学习经典以及希伯来语和叙利亚语。1799 年 5 月 3 日加入英国浸礼会，开始在布里斯托尔从事传教士工作。同月 25 日乘坐美国船"克瑞特伦号"（Criterion）从伦敦出发，10 月 12 日抵达加尔各答，此后前往丹麦人在胡格里（Hoogly）的殖民地塞兰坡（Serampore）。威廉·克理（William Carey）、威廉·华德（Rev. William Ward）和马士曼三位传教士有着不同分工，马士曼被分派管理学校，并且担任教堂的执事之一。1805 年左右开始在拉沙（Joannes Lassar）的指导下学习汉语。拉沙是出生在澳门的亚美尼亚人，受雇于威廉堡学院的院长布朗牧师（Rev. D. Brown），负责将《圣经》译成中文。1827 年，克理、华德和马士曼脱离浸礼会。1837 年，马士曼在塞兰坡去世，作品有：《圣经》(The Holy Scriptures)（中文，塞兰坡，1822）、《论语》(The works of Confucius: Containing the original text, with a translation)（英汉对照，塞兰坡，1809）、《论汉语的字体和读音》(Dissertation on the Characters and Sounds of the Chinese Language)（英文，塞兰坡，1809）、《中国言法》(Elements of Chinese Grammar)（英文，塞兰坡，1814）〔根据《1867 年以前来华基督教传教士列传及著作目录》(Memorials of Protestant Missionaries to the Chinese: Giving a List of their Publications and Obituary Notices of the Deceased)（广西师范大学出版社，2011 年）第 9—10 页的记录整理〕。——译注

[6] 梁发，又名功法、恭法，俗名阿发，中国第一位改正教宣教士。1789 年（乾隆五十三年）生于广州府西南五十英里的高明县。早年上过私塾，后到省城广州自谋生计，以制毛笔为业，后改习雕版手艺。1815 年 4 月中旬受马礼逊派遣随米怜前往马六甲的一家印刷所工作，协助米怜

印刷中文书籍。1816 年 11 月 3 日由米怜施洗成为一名基督徒。1819 年 4 月回中国探亲时，发现朋友们都是偶像崇拜者，于是编写并刻印了一本小册子，希望对他们进行启蒙。然而，这本书却给他带来了牢狱之灾。在马礼逊博士的努力下，两天后被释放。之后返回马六甲。1820 年再次回到中国，为其妻黎氏付洗，这是中国第一位新教女信徒。他们的儿子梁进德一诞生，就由梁发携往澳门，求洗于马礼逊。1823 年，马礼逊按立梁发为伦敦会宣教师，梁发成为中国第一位本国藉的新教宣教师。1855 年去世，享年 66 岁。撰写的关于基督教信仰的中文教理著作有《救世录撮要略解》(1819)、《熟学圣理略论》(1823，广州)、《真道问答浅解》(1829，马六甲)、《圣书日课初学便用》(1931，广州)、《劝世良言》(1832，广州)、《祈祷文赞神诗》(1833，澳门)、A Sheet tract on the Vanity of Idols 等。——译注

[7] 郭士立（Karl Freidrich August Gutzlaff，1803—1851），又译郭实腊，普鲁士籍传教士。港英时期的高级官员。1827 年抵达爪哇，向当地的华侨学习汉语。1828 年经新加坡去暹罗，继续在华侨中学习汉语和传教。1829 年接受伦敦会的津贴，前往马六甲，协助伦敦会工作。1831 年到广州会见马礼逊，出任英国东印度公司翻译。他曾经到过厦门、福州、舟山、宁波、威海等地。香港开埠之后，成为砵甸乍的中文秘书及抚华道。香港中环吉士笠街俗称"红毛娇街"，即以他命名。1832 年 10 月乘鸦片商查顿商船"赛尔富号"两次北上东北牛庄。根据旅行见闻撰写了《1831—1833 年在中国沿海三次航行记》(Journal of Three Voyages along the Coast of China in 1831, 1832 and 1833) 一书。1840 年鸦片战争中担任英军司令官的翻译和向导。其后参与起草《南京条约》。1843 年担任首任

香港总督璞鼎查的中文秘书。1844年在香港成立传教组织"福汉会",洪秀全的战友冯云山曾为该会教徒。郭士立在编辑《东西洋考每月统纪传》的同时,还翻译《圣经》分卷,编写《中国史略》《开放的中国》《英国史》等。——译注

[8] 高德（Josiah Goddard, 1813—1854）,又译为乔塞亚·戈达德,美国浸礼会真神堂（American Baptist Missionary Union）传教士。1849年来华,在宁波传教〔根据《近代来华外国人名词典》（中国社会科学出版社,1981年）第170页内容整理〕。——译注

[9] 韦廉臣牧师（Rev. Alexander Williamson, 1829—1890）,又译为亚历山大·威廉森,英国伦敦布道会遣华传教士,生于苏格兰。和夫人于1855年9月24日抵达上海。在上海附近及其平湖待了两年多后,因健康状况不佳,于这一年11月返回故土。数年后被任命为苏格兰圣经会派往中国的代理人。1863年12月全家来到上海,不久后至芝罘（烟台）定居,并以此为据点在周边地区开展工作。所创"The Chinese Book and Tract Society in Glasgow"后来发展为广学会（Christian Literature Society for China）,为该学会编辑之一。后在芝罘去世。其著作有:《植物学》（*Treatise on Botany*）（上海,1859）、《北中国游记》（*Journeys in North China, Manchuria and Eastern Mongolia, with Some Account of Corea*）（两卷,1870）等〔根据《近代来华外国人名词典》（中国社会科学出版社,1981年）第515页内容与伟烈亚力（Alexander Wylie）《1867年以前来华基督教传教士列传及著作目录》（*Memorials of Protestant Missionaries to the Chinese: Giving a List of their Publications and Obituary Notices of the Deceased*）（广西师范大学出版社,2011年）第249页的记录整理〕。——

译注

[10] 莫维廉（William Hill Murray, 1843—1911），又译为莫莱士、威廉·希尔·默里，英国遣华传教士。苏格兰人。1871年来华，任苏格兰圣经会（National Bible Society of Scotland）代理人，负责该会华北事务25年。1874年创办北京盲人学堂，用法国人布雷尔（Braille）所创造的点字法教盲人识字。于北戴河去世〔根据《近代来华外国人名词典》（中国社会科学出版社，1981年）第347页内容整理〕。——译注

[11] 杨格非（Rev. Griffith John, 1831—1912），又译为杨笃信、格里菲思·约翰，英国伦敦会传教士。生于威尔士斯温西，1855年9月24日携夫人与韦廉臣教士到上海传教。1861年从上海出发，遍历华中各省，为第一个深入华中的基督教传教士。最后卜居汉口，在湖北、湖南传教，有"街头传教士"之名。据云所设福音堂达百余座。1899年在汉口花楼创办博学书院（初名London Mission College，1908年新校舍建成后，改以杨氏姓名命名，为Griffith John College），培养华籍传教士。1912年初返英，不久因病去世。除译《新约》为汉文之外，还著有《对中国的期望》（*Hope for China, or, Be not Weary in Well doing*）（1872）、《关于鸦片贸易的简明问答》（*Plain Questions and Straightforward Answers about the Opium Trade*）（1882）和《中国的呼声》（*A Voice from China*）（1907）等〔根据《近代来华外国人名词典》（中国社会科学出版社，1981年）第242页内容整理〕。——译注

[12] 范约翰（John Marshall Willoughby Farnham, 1829—1917），苏格兰人，美国北长老会遣华传教士。1860年3月9日携夫人到达上海，任中国圣教书会（The Chinese Tract Society）秘书。1891年创办《中西教

会报》(Chinese Christian Review),任上海清心书院(Lowrie Institute)院长24年。1890年在上海召开的在华传教士大会上,提交论文《论报刊》及其附录《中文报刊目录》(Essay on Periodical Literature, and List of Periodicals in the Chinese Language),该目录是中国第一份系统记载早期中文报刊名录的材料。——译注

[13] 孙罗伯(Rev. Robert Nelson, 1818—1886),美国圣公会(American Church Mission)传教士。1851年12月25日到上海传教。1881年返回美国,在美国去世〔根据《近代来华外国人名词典》(中国社会科学出版社,1981年)第354页内容与伟烈亚力(Alexander Wylie)《1867年以前来华基督教传教士列传及著作目录》(Memorials of Protestant Missionaries to the Chinese: Giving a List of Their Publications and Obituary Notices of the Deceased)(广西师范大学出版社,2011年)第221页的记录整理〕。——译注

[14] 禄赐悦理(Rev. William Armstrong Russell, 1821—1879),又译为陆赐、威廉·阿姆斯特朗·拉塞尔,英国圣公会遣华传教士。1848年4月17日到上海,5月13日抵达其目的地宁波传教。1862年因健康原因携夫人返回英国,后又到中国宁波。1872年被选为安立甘会华北区主教(Church Missionary Society for Africa and the East),1878—1879年兼任圣教会会长。主要中文作品有:《请到耶稣乌塞来》(宁波,1853)、《讲解十二课》(宁波,1858)、《新约全书》(宁波)等。禄赐悦理夫人的主要作品有:《撒拉同汉纳》(宁波,1852)、《阿爹对儿子算账》(宁波)〔根据[英]伟烈亚力(Alexander Wylie)《1867年以前来华基督教传教士列传及著作目录》(Memorials of Protestant Missionaries to the Chinese: Giving a List of

Their Publications and Obituary Notices of the Deceased）（广西师范大学出版社，2011年）第190—191页的记录整理〕。——译注

[15] 施约瑟（Samuel Isaac Joseph Schereschewsky, 1831—1906），又译为施、塞缪尔·艾萨克·约瑟夫·斯凯雷斯凯夫斯基，美国圣公会遣华传教士。生于立陶宛，父母均为犹太人，移居美国后改宗基督教。1859年12月22日到中国上海，1862年夏天前往北京，在北京传教13年。1877—1881年任圣公会上海区主教，创办上海圣约翰书院（St. John's College）及圣玛利亚女校（St. Mary's Hall）。1881年中风病倒，1883年辞职返回美国。此后修订所译《旧约》，同时把《圣经》译成汉文。为付印这部书又来到远东，1906年在日本东京去世。中文作品有《创世纪官话》（上海，1866），遗著有《蒙英字典》〔根据《近代来华外国人名词典》（中国社会科学出版社，1981年）第426页内容与[英]伟烈亚力（Alexander Wylie）《1867年以前来华基督教传教士列传及著作目录》（*Memorials of Protestant Missionaries to the Chinese: Giving a List of Their Publications and Obituary Notices of the Deceased*）（广西师范大学出版社，2011年）第264—265页的记录整理〕。——译注

[16] 包尔滕（Burdon），又译为包约翰、约翰·肖·伯登，英国圣公会遣华传教士。1853年9月18日到上海，1861年下半年作为英国公使团的随团牧师前往北京，被英使馆参赞威妥玛推荐为北京同文馆第一任英文教习。1864年春天前往上海，6月6日乘公司邮船返回欧洲。1865年10月到香港，在当地停留数周后乘船北上，1866年4月抵达北京。1874—1895年担任香港区圣公会维多利亚主教。在上海去世。英文作品有《信基督的快乐》（*Christian Joy*）（上海，1858）〔根据《近代来华外国人

名词典》(中国社会科学出版社，1981年)第65页内容与[英]伟烈亚力（Alexander Wylie）《1867年以前来华基督教传教士列传及著作目录》(*Memorials of Protestant Missionaries to the Chinese: Giving a List of their Publications and Obituary Notices of the Deceased*)(广西师范大学出版社，2011年)第231页的记录整理]。——译注

[17] 蓝华德（Walter Russell Lambuth, 1854—1921），又译为沃尔特·拉塞尔·兰布思，美国监理会传教医师，蓝柏之子，生于上海。1877年在美国获得医学博士学位后返回中国，在上海、南京、苏州等地施医传教。1883年与柏乐文在苏州创立博习医院（Soochow Hospital）。1884年协助美以美会组织医务工作。1886年随父蓝柏前往日本建立监理公会，1891—1910年主编《监理会传教评论》(*The Methodist Review of Missions*)，并担任监理会干事。1910年被选为会督。在横滨去世，葬于上海。著有《东方杂录》(*Side Lights on the Orient*)(1908)等〔根据《近代来华外国人名词典》(中国社会科学出版社，1981年)第271页内容整理]。——译注

[18] 戴德生（Hudson Taylor），又译为戴雅各、詹姆斯·郝德森·泰勒，英国中华福音会（China Inland Mission）遣华传教士，内地会（The China Evangelization Society）创办人。1854年3月1日到上海。1856年同宾牧师一起在汕头合作工作了数个月回到上海，当年去了宁波。1856年脱离英国中华福音会独立传教。1858年同传教士戴尔先生的女儿结婚。因身体欠佳，1859年12月25日乘船返回英国。1860年在英国组织了一个差会。1866年秋天率领13位教士来华，这便是内地会的开始。1905年在长沙去世。著作有：《阿拉救主耶稣基督格新约书，本土翻宁波土话，

分拼当拼：一并出想的格几种，神鬼四福音等四度音卷》（伦敦，1865）、
《中国的精神需求》(China: Its Spiritual Need and Claims)(1865)、《内
地会工作概要》(Summary of the Operations of the China Inland Mission
from its Commencement to the Year 1872)(1872)、《回顾》(A Retrospect)
(1899)、《三十年后——内地会的三十年（1865—1895）》(After Thirty
Years, Three Decades of the China Inland Mission, 1865—1895)等〔根据
《近代来华外国人名词典》（中国社会科学出版社，1981年）第469页内
容与[英]伟烈亚力（Alexander Wylie）《1867年以前来华基督教传教
士列传及著作目录》(Memorials of Protestant Missionaries to the Chinese:
Giving a List of their Publications and Obituary Notices of the Deceased)（广
西师范大学出版社，2011年）第232页的记录整理〕。——译注

[19] 林乐知（Young John Allen, 1836—1907），又译为扬·约翰·艾
伦，美国监理会（Methodist Episcopal Church, South）遣华传教士。1860
年来华传教。不久美国南北战争起，林氏经济来源断绝，乃转中国政府
机关任翻译及教习职，凡18年，为上海江南制造局和海关译书三百九十
余部。1879年在苏州圈占天赐庄土地，办博习书院。1881年重做传教工
作。1882年在上海创办中西书院（Anglo-Chinese Methodist School），自
任院长。1890年又发起创办上海中西女塾（McTyeire High School）。从
1868年起在上海自费主编《教会新报》(Review of the Times)。1874年
《教会新报》改称《万国公报》，他继任主编，后来《万国公报》归广学会
主管，林氏仍主其事，直到死去。《万国公报》曾风行一时，是林氏得意
之作。1907年死于上海。编著有：《中东战纪本末》（八卷）、《各国妇女》
(Woman in All Lands)、《中国在国际间之地位》(China's Place among the

Nations)、《文学兴国策》和《李傅相历聘欧美记》等书籍〔《近代来华外国人名词典》，中国社会科学出版社，1981年，第8页〕。——译注（Rev. Drs. Allen）

[20] 保灵（Stephen Livingstone Baldwin, 1835—1902），又译为斯蒂芬·利文斯通·鲍德温，美国美以美会遣华传教士。和夫人于1858年下半年到上海，继而前往派驻地福州，1859年抵埠。由于夫人的健康原因，1861年初携全家返回美国，夫人在航行途中去世。在美国期间再婚，1862年携新婚夫人回福州传教。1868年在福州发刊《教务杂志》（*The Chinese Recorder and Missionary Journal*），自任编辑。1870年返回美国〔根据《近代来华外国人名词典》（中国社会科学出版社，1981年）第24页内容与伟烈亚力（Alexander Wylie）《1867年以前来华基督教传教士列传及著作目录》（*Memorials of Protestant Missionaries to the Chinese: Giving a List of their Publications and Obituary Notices of the Deceased*）（广西师范大学出版社，2011年）第260页的记录整理〕。——译注

[21] 达吉瑞（George Ritche Davis, 1847—1925），又译为乔治·里奇·戴维斯，美国美以美会遣华传教士。1870年来华，在天津传教，后来调往北京、遵化，在华五十余年〔根据《近代来华外国人名词典》（中国社会科学出版社，1981年）第103页内容整理〕。——译注

[22] 艾约瑟（Joseph Edkins, 1823—1905），又译为约瑟夫·埃德金斯、艾约瑟迪谨，伦敦会遣华传教士，汉学家。1848年7月2日到香港，9月2日抵达目的地上海，任伦敦会驻上海代理人。1858年3月返回英国，1859年9月14日同夫人一起回到上海。1860年移居芝罘，第二年又前往天津，在天津设立教会，一直住到1863年5月，之后定居北京传教。

1880年被中国海关总税务司赫德聘为海关翻译,起初在北京任职,后来到上海,直到去世。所翻译的《希腊罗马史》等在当时中国知识界有一定的影响。艾约瑟对中国文学和历史有广泛的知识,中文著作有:《咸丰二年十一月初一日日蚀单》(上海,1852)、《孝事天父论》(上海,1854)、《三德论》(上海,1856)、《释教正谬》(上海,1857)、《耶稣教略》(上海,1858)、《续释教正谬》(上海,1859)、《重学》(松江,1859)、《华洋合通书》、《福音选篇》(北京,1863)、《颂主圣诗》(北京)、《地球全图》(北京,1864)、《新约官话》(北京,1866)、《中国的宗教》(1878)、《鸦片史或中国的罂粟》(上海,1898)、《中国的佛教》(1893)、《中国在语言学上的位置》(1871)、《中国的通货》(上海,1901)、《中华帝国的岁入和税制》(1903)、《中国的金融与价格》(1905)、《北京记》(1898)等;英文作品有:《汉语会话集》(*Chinese Conversations*)(1852)、《上海口语语法》(*A Grammar of Colloquial Chinese, as exhibited in the Shanghai Dialect*)(1853)、《官话口语语法》(*A Grammar of the Chinese Colloquial Language, commonly called the Mandarin Dialect*)(1857)、《中国人的宗教情况及对其基督化前景的观测》(*The Religious Condition of the Chinese; with observations on the prospects of Christian conversion amongst that people*)(1859)、《汉语口语进阶教程》(*Progressive Lessons in the Chinese Spoken Language*)(1862)、《中国佛教介绍》(*Notices of Chinese Buddhism*)、《一份据1858年俄国人草图而制成的由北京经骆驼大道到恰克图的英文道路图》(*Road Map from Peking to Kiachta by the Great Camel Route based on an English Map chiefly taken from a Russian sketch made in 1858*)(1864)等〔根据《近代来华外国人名词典》(中国社会科学出版社,1981年)第121—122页内容与伟

烈亚力（Alexander Wylie）《1867年以前来华基督教传教士列传及著作目录》(*Memorials of Protestant Missionaries to the Chinese: Giving a List of their Publications and Obituary Notices of the Deceased*)（广西师范大学出版社，2011年）第194—198页的记录整理］。——译注

［23］罗尔梯（Edward Clemens Lord），又译为爱德华·克莱门斯·洛德，美国浸礼会真神堂（American Baptist Missionary Union）传教士。1847年来华，在宁波传教。1863年因与浸礼会国内差会意见不合，辞职独立传教，同年任美国驻宁波领事。1881年与浸礼会恢复关系，继续传教及教育工作。1887年染上时疫在宁波去世〔根据《近代来华外国人名词典》（中国社会科学出版社，1981年）第294页内容整理］。——译注

［24］施约瑟（Rev. Joseph J. Schereschewsky），美国圣公会遣华传教士。1859年12月22日抵达上海，1862年夏天前往北京传教。主要作品有《创世纪官话》（上海，1866）〔根据伟烈亚力（Alexander Wylie）《1867年以前来华基督教传教士列传及著作目录》(*Memorials of Protestant Missionaries to the Chinese: Giving a List of their Publications and Obituary Notices of the Deceased*)（广西师范大学出版社，2011年）第264页的记录整理］。——译注

［25］许高志（George Hubbard, 1855—1928），又译为乔治·哈伯德，美国公理会传教士。1884年来华，在福州传教。1885年创办期刊 *The Christian Endeavor*。在福州传教40年。于美国去世〔根据《近代来华外国人名词典》（中国社会科学出版社，1981年）第218页内容整理］。——译注

［26］夏查理（Rev. Charles Hartwell, 1825—1905），又译为查尔斯·哈

特韦尔，美国公理会传教士。1853年来华，在福州传教50年。曾与其他传教士合作，把《新约》译成福建方言。在《教务杂志》上发表关于中国的文章〔根据《近代来华外国人名词典》（中国社会科学出版社，1981年）第194—195页内容整理〕。——译注

[27] 班为兰（William Bishop Banister, 1855—1928），又译为威廉·班尼斯特，英国安立甘会教士。1880年来华，在福建古田任教，1884年调往福州，任安立甘会神学院院长，1897年任安立甘会华南差会干事，1909—1922年任广西湖南教区会督，驻湖南湘潭。后在美国去世〔根据《近代来华外国人名词典》（中国社会科学出版社，1981年）第26页内容整理〕。——译注

[28] 卢公明（Justus Doolittle, 1824—1880），又译为贾斯特斯·杜利特尔，美国公理会（American Board Mission）传教士。1850年来华传教，大部分时间在福州活动，1878年返回美国，在美国去世。著有《华人的社会生活》（Social Life of the Chinese: with some Account of their Religious, Governmental, Educational, and Business Customs and Opinions）（两卷）；1868年胡德（P. E. Hood）修订本 Social Life of the Chinese: A Daguerreotype to Daily Life in China（伦敦），附图150幅。此外，他还编纂了《英华萃林韵府》（A Vocabulary and Handbook of the Chinese Language）（两卷，1872）〔根据《近代来华外国人名词典》（中国社会科学出版社，1981年）第194—195页内容整理〕。——译注

[29] 疑为约翰·斯图尔特（John Stewart），英国海外福音传播公会派到中国的医学传教士，1863年春天到香港。在香港停留了数周后，北上至北京，开设了该差会在中国的第一个传教中心。1864年夏天前往

上海,并终止了同差会的关系。几个月后移居福州行医〔根据伟烈亚力(Alexander Wylie)《1867年以前来华基督教传教士列传及著作目录》(*Memorials of Protestant Missionaries to the Chinese: Giving a List of their Publications and Obituary Notices of the Deceased*)(广西师范大学出版社,2011年)第279页的记录整理〕。——译注

[30] 宾威廉(William Chalmers Burns, 1815—1868),又译为宾为廉、威廉·查默斯·伯恩斯,英国长老会传教士。1847年抵达香港,后来在上海、汕头、厦门、北京、牛庄等地传教。在牛庄去世。曾翻译班扬(Bunyan)的《天路历程》(*Pilgrim's Progress*)为汉文〔根据《近代来华外国人名词典》(中国社会科学出版社,1981年)第66页内容整理〕。——译注

[31] 叶纳清(Ferdinand Genähr, ?—1864),又译为费迪南德·根内赫尔,德国传教士。1847年响应郭实腊的号召来华,在广州创立礼贤会(Rhenish Missionary Society)。在镇口、东莞、归善等地传教17年。编著有《真道衡平》《庙祝问答》《大学问答》等书。于荷坳去世〔根据《近代来华外国人名词典》(中国社会科学出版社,1981年)第163页内容整理〕。——译注

[32] 福开森(John Calvin Ferguson, 1866—1945),又译为福茂生、约翰·卡文尔·弗格森,美国人。1888年被美国美以美会派到南京传教,创办汇文书院(Nanking University),担任第一任监督。1897年辞去教会职务,到上海协助盛宣怀创办高等工业学堂(南洋公学),为第一任监院。1903年协助吕海寰和盛宣怀与美国代表签订《中美通商行船续订条约》。嗣后,历充盛氏和端方的顾问。福开森还是上海《新闻报》的大股东。民

国成立后为北京中国红十字会董事。1917—1928年任北洋政府总统顾问。1936—1938年任国民党政府行政院顾问。他研究中国美术，收藏中国古玩甚多，常以"中国通"自诩，撰写了很多关于中国的文章。著述有《中国绘画》(Chinese Painting)、《中国美术大纲》(Outline of Chinese Art)、《历朝瓷器》(Porcelains of Successive Dynasties)和《中国艺术巡礼》(Survey of Chinese Art)等书。编纂有《历代著录吉金目》(中文，1938)和《历代著录画目》等书〔根据《近代来华外国人名词典》(中国社会科学出版社，1981年)第66页内容整理〕。——译注

[33] 师图尔（George A. Stuart, 1859—1911），又译为乔治·阿·斯图尔特，美国美以美会传教医师。1886年来华，在南京美以美会创办的医院任职。1889年在东莞为美以美会设立医院，负责该区的医务及传教。1898年后在南京任汇文书院院长。曾一度为中华基督教教育会(The Educational Association of China)及中华博医会(The China Medical Missionary Association)会长，并主编《博医会报》〔根据《近代来华外国人名词典》(中国社会科学出版社，1981年)第461页内容整理〕。——译注

[34] 库思非（Carl F. Kupfer, 1852—1925），又译为卡尔·弗·库普费尔，美国美以美会传教士。生于德国。1881年来华，在江西九江传教，创办九江同文书院(William Nast College)，自任院长。1917年退休〔根据《近代来华外国人名词典》(中国社会科学出版社，1981年)第267页内容整理〕。——译注

第七章

结语

　　关于在华传教士出版简史的描述都是各教会自身提供的素材，其中有几个粗线条的叙述脉络。然而，由于我们在论述传教士出版活动时没有考虑诸多相关要素，所以不可能完整地回顾其历史沿革。我们在这里稍微关注一下这些问题：中国历史上最近发生的事情表明，基督教在华出版活动作为在华传教士传教事业的重要组成，必须适应中国社会的发展。同时，我们将利用机会来关注几个教会组织的有益态度及其所做的与正在做的重要工作，而这几个教会组织很难归属圣经与布道协会管辖。

　　我们须考虑的最多的两个问题是：在华传教事业在过去50年期间如何迅速发展起来？如果中国社会发展确实没有倒退的话，那么她如何依然停滞不前？

　　50年前，几位在华传教士试图以其艰辛的传教活动来影响当时的通商口岸——在这些港口从事传教活动中遇到的困难和艰辛说明，他们在异国他乡的传教事业不可能取得深入发展。现在，我们在华传教士的活动版图显示，在开放的中国大地上到处驻扎着传教站——我们可以高兴地讲，考虑到正常运行的在华传教组织及其所代表的教派数量，我们关于在华传教站的统计有重复的部分。当时，只有少量的基督教信徒；而目前在华传教士拥有五万个教区——大量的皈依者——教会学校和礼拜堂充满了数以千计的基督信仰者和学生。当时，在华传教士谨慎而真诚地尝试了各种传教方法，在某些情况下甚至怀着极大的疑问进行传教方法的探索；现在，大多数传教方法都是成功运行的。例如，首先来说教育传教工作，我们拥有了走读学校、寄宿学校、中等工业技术学校、高等技术学院与大学。我们已经认识到传教士在"彼时"与"此时"的出版活动、《圣经》与布道之异同，我们还认识到早期辛勤传教并自始至终辛勤付出的那些教士们，现在依然通过印刷和出版经书在更广泛的领域向更广大的受众进行布道。在过去50年成功的传教机构中，我们不能忽略医疗传教事业：当我们认识到尊敬的医疗传教工作者在医学领域所取得的卓越成就时，医学传教方法之效率和重要性就不言自明了。在华传教士进行医学传教的过程中，成千上万条生命被预防性药物拯救，同时医生教士的诊断更加精准，掌握的病史知识更加渊博，减轻患者病痛与疾苦的方法更加有效。

  当时在华传教工作付出的日常努力换来了现在的丰硕成果。不过，尽管中国有着灿烂的历史、丰富的资源和矿藏，但是现在中国是个什么样子呢？——贫瘠而孱弱的中国。中日甲午战争为中国带来的重创和屈辱已经引发海内外舆论界对于清廷腐败朝政的高度关注,而清廷庞大的官僚机构与统治阶层的真实特征在世人面前暴露无遗。朝臣中少有的爱国官员对朝廷尚且抱有赤诚之心,而整个朝政中充斥着贪婪与欺骗。很明显,除非中国能够解决内部的饥饿与社会公平的难题,否则她不可能抵御日本的军事侵略。

现在的问题是:清廷舰队的扩建,聘请外国军官对清军进行操练,素有精明之誉的中华民族的商业活动及其发展,还有中国地大物博的自然资源之支持,这些为何都不足以使中华帝国对付小日本的军事入侵?敌军的枪炮声振聋发聩并将唤醒国民和朝廷来面对这些无望找到解决途径的难题;在探索回答这些问题的答案与追求更多现代化知识和光明的过程中,上帝以天意之名为中国打开了有益的路径:在华传教士和所有教会机构的报刊与出版活动帮助国人进行思想启蒙。

我们已经用相当大的篇幅来介绍圣经与布道协会及其出版情况,但是如上文所言,在本书结尾我们将介绍正在致力有助于中国苏醒之出版事业的其他教会。

对中华帝国领导者施以革新之影响乃当务之急,这种社会责任导致广学会之宗旨定位于接触和影响中国上层与受教育阶层。广学会通过其活动使得中国士绅阶层放弃那些可能破坏整个中华民族及其个人的自私性原则,希望凭借其向所有中国人传递基督教文明与博爱和善良之原则而带来民族的复兴。广学会已经进行的一项特殊而紧急的工作是,使得中国人明白一个浅显的道理:中国古代训诫在目前整个民族急需拯救妙方之际无法提供实质性帮助,而中华帝国唯有通过学习和掌握现代知识才能变得强大并维护其边疆和平,保护自身免于外敌侵略；广学会一直为此目标而努力，只要资金允许，它就会提供如此的信息。

致力于为中华帝国提供启蒙教育的另外一家教会机构是中华教育会。其目标是在中国大地引入基督教教育。中国不仅急需西方文化，而且需要改进教学和培训方法；正如在中华教育会每三年举行一次的最近年会上所指出的，中国目前的教育体系旨在以一种奇妙的方式发展记忆力，而未留下任何实用的、理想的话语和内容，然而"（传统教育体系）使头脑的其他功能退化、毁坏理性思维、破坏想象力、阻碍独立思考、抑制原始调查，而且其所有的劣势和不足会延伸到人们与生俱来的智能发展"。

中华教育会（The Educational Association）成立于1890年基督新教在华传教士上海大会期间，该会从事学校和系列差会教科书的书籍、模板和地图等印制业务，其业务定位早在1877年基督新教在华传教士上海大会上就决定了。他们出版了系列有关数学、自然科学、历史、地理、宗教、哲学等学科的重要教科书，而诸如学科门类编排这样重要的难题也包含其中。

基督教方言协会（Christian Vernacular Societies）充当着启蒙教育和动摇人心的双重作用。人们对于方言的运用存在某种程度的偏见，但是我们记得在中国许多地方，尤其是华南地区，人们没有可替换使用的语言，唯有用方言进行沟通；方言在很多场合成为千万人的日常工作语言；人们将会明白，在华传教士报刊和出版界如何把本行业服务于个体和教会的"佣人"般的地位认为是一种特权，而这些个体和差会一直致力于为传教士提供服务——这些传教士以

第七章 结语

必需的文学作品服务充当着中产阶级和低下阶层的"佣人"。上海基督教方言协会的目的是用上海方言来帮助基督教作品的产生与传播,既可以是汉语撰写的作品,又可以是罗马字母拼写的作品,包括翻译的作品和最适合为本土皈依者、走读学校和寄宿学校学生和上海民众提供教育启蒙的作品。我们不能明确地讲述其他教区的类似工作,但是我们明白在华传教士社区和传教士个体一直做得非常出色。

读者很容易理解,说起以下各教会与之前章节提到的教会组织,我们不打算进行任何令人厌烦的比较分析。我们相信,中国必将通过不同宗教代理之间的合作而争取基督教在中华大地落地生根,上帝福音普照人间世,尤其是讲到与传教士出版活动密切相关的教会时,我们认识到其他宗教代理之前以上帝名义在中国进行的福音启蒙、提升和传布工作之重要性。

现在,我们可能会问:外国传教士过去五十年在中国付出的慈善工作有何回报?尽管传教士的布道使得五万人要皈依基督,还有很多追随者,外国传教士亦实施了很多可以感知到的有益的实事,但是在多数情况下中国部分朝廷官员依然对在华传教事业怀着蓄意的漠视和冷淡态度;有时候,在充斥着猥亵诽谤的隐秘话题中,朝廷大臣中存在着一种诋毁在华传教事业的势力,其罪恶而不改过自新之灵魂是可以想象的。为了抵抗中国本土敌对势力对于外国报刊与出版活动的持续恶意攻击及清廷官员和士绅的嘲笑与撺掇,在华传教士的职责是显而易见且任重道远的;至于负罪的大多数中国民众,让他们皈依基督的最好办法,其实也是唯一的治愈办法,就是让他们了解真相。

因此,在华传教士使上帝福音普照中华大地,推动了中国社会革新;我们给予"布道"工作以首要地位,同时根据环境并按照教育传教、医学传教和其他传教手段的轻重缓急而展开工作。我们由衷地高兴,基督精神在天佑庇护下已经渗透到文学作品中,在华基督教著述不仅为传教士提供布道工具,而且为回顾在华传教士的传教士事业的历史沿革提供了记录媒介——这种回忆录如果不能回答所有的问题,那么它将以公开渠道和个人身份、用各地方言及其表达方式对整个人类不断讲述在华传教士的故事,让那些无端的嘲笑与戏弄见鬼去吧!

附录：出版大事年表

（1862—1918年）[1]

1862年（同治元年）

总理各国事务衙门奏准设立同文馆于北京。初设英文馆，翌年添设法文、俄文馆，后又增设德、日文馆。

英商奚安门创刊《上海新报》（二日刊），为上海有中文报纸之始。[2]

1863年（同治二年）

李鸿章奏准设立广方言馆于上海。先设预科、正科，后改设英文、法文馆。

1864年（同治三年）

广州设立同文馆。

曾国藩设立金陵书局于南京。初改名江南官书局。

陈霭亭、伍廷芳等创刊《华字日报》于香港。伍氏于1858年曾在港创刊《中外新报》，为中国现代报纸之始。

同文馆出版第一部书——《万国公法》。美教习丁韪良译。

邹子翼、严树森等编修《大清中外一统兴图》出版。

1866 年（同治五年）

左宗棠奏准设立船政学堂于福州。招生学习英法语言文字，及制造、驾驶技术，并译刊西书。

1867 年（同治六年）

江南制造局附设翻译馆。先后译刊图书 178 种。[3]

同文馆添设算学馆，任李善兰（壬叔）为总教习。

马新贻设浙江官书局于杭州。

1868 年（同治七年）

美教士林乐知创刊《教会新报》（周刊）于上海。1874 年改名《万国公报》（周刊）。1888 年改出月刊。

1869 年（同治八年）

江宁、苏州、武昌相继成立官书局。

广方言馆并入江南制造局。后改名兵工中学堂。

1870 年（同治九年）

英商开利创办别发印刷馆于上海。印刷及出版西书，总公司设在香港。

1872 年（同治十一年）

英商美查等创办《申报》于上海，始用手摇轮转印刷机。

1873 年（同治十二年）

艾小梅创办《昭文新报》于汉口，为国人自资创办报纸之始。初为日刊，后改为五日刊。

1874 年（同治十三年）

容闳创办《汇报》于上海。后改名《彚报》，再改名《益报》。

天主教土山湾印书馆始设石印印刷部。该馆创办于 1869 年，初仅设木刻印刷部。

1875 年（光绪元年）

英教士伟烈亚力、傅兰雅与徐寿（雪村）等合办格致书院于上海。[4]

基督教清心书馆创刊《小孩月报》，为书报最早的一种。1916 年改名《开风报》，旋停刊。

1876 年（光绪二年）

英商美查创设点石斋石印局于上海。

英人傅兰雅创刊《格致汇编》（月刊），为科学杂志最早之一种。

1877 年（光绪三年）

基督教徒组织学校教科书委员会，始有"教科书"之名。[5]

1879 年（光绪五年）

英商开乐凯创办《文汇报》于上海，始用煤气引擎轮转印刷机。

1880 年（光绪六年）

基督教圣教书会创刊《书图新报》（月刊）于上海。1913 年停刊。

1881 年（光绪七年）

徐鸿甫、徐润（雨之）等创办同文石印书局于上海。

1884 年（光绪十年）

《点石斋画报》（旬刊）创刊，由吴友如、金蟾香等执笔。

图书集成局创铸三号扁体铅字排印《古今图书集成》。全部 1628 册，历时 4 年竣工。

1885 年（光绪十一年）

康有为作《大同书》。全书分 10 部，完成于 1901 至 1902 年间。

1886 年（光绪十二年）

美医生洪士提反译《万国药方》，为介绍西洋医药最早的一种。

1887 年（光绪十三年）

英教士韦廉臣、李提摩太等创办广学会于上海。初名基督教及普及学识传布会，1905 年改名广学会。

1889 年（光绪十五年）

王肇鋐（振夫）作《铜刻小记》出版。专述地图雕刻铜版技术。

1890 年（光绪十六年）

基督教徒组织中国教育会于上海，编译各种教科用书。

1893 年（光绪十九年）

中英商人丹福士、张叔和等创办《新闻报》于上海。1899 年由美人福开森接盘，1916 年改组为美国公司，1982 年在改组为中美合资公司。

1894 年（光绪二十年）

广学会出版《大同报》（周刊）。

美教士林乐知编刊《中东战纪》，李鸿章以军中密电畀之。即后来汇刊之《中东战纪本末续编》——《东征电报》。

1895年（光绪二十一年）

文廷式、康有为等组织强学会于北京，附设强学会书局，出版《中外纪闻》（日刊），旋被封；胡孚宸奏准改为官书局。

上海成立强学会分会，出版《强学报》，以孔子纪元，被解散。

林纾（琴南）译《巴黎茶花女遗事》。1899年在上海出版铅排本。

严复（幾道）译《天演论》。同年将初译稿刻印，1898年修订出版。

钟天纬在上海设三等学堂，以语体文编课本。

康有为作《日本书目志》，始创图书新分类法。

1896年（光绪二十二年）

黄遵宪（公度）、汪康年（穰卿）、梁启超（任公）等创办《时务报》（旬刊）于上海。

派孙家鼐管理官书局。

盛宣怀奏准设立南洋公学于上海，附设译书院。1898年后由张元济（菊生）任院长。

罗振玉、徐树兰、朱祖荣、蒋黻等组织务农会于上海，出版《农学报》，译刊农学书。先后出版一百余种。

胡璋（铁梅）创办《苏报》于上海。1900年由陈范（萝坡）接盘。[6]

邹代钧创设地图公会，股印各国地图。后又在武昌设兴地学会，先后出版676种。

谭嗣同作《仁学》。1899年在日本出版。

梁启超作《西学书目录表》出版。

1897年（光绪二十三年）

孙中山作《伦敦被难记》，出版于英国。1912年商务印书馆翻译出版。

南洋公学编印《蒙学课本》，为中国小学教科书之始。

严复、王修植、夏曾佑等创办《国闻报》及《国闻彚编》（旬刊）于天津。

夏瑞方、鲍咸恩、鲍咸昌、高凤池等创办商务印书馆于上海。

1898年（光绪二十四年）

总理衙门颁行《农学会章程》，命各学堂翻译外洋农学书籍。

孙家鼐奏准设立译书局，派梁启超办理。

开办京师大学堂，派孙家鼐管理大学堂事务。原设官书局、译书局均拨归办理。

马建忠（眉叔）作《马氏文通》出版。

上海印刷业始用日本仿制欧式一回转印刷机。

梁启超创办《清议报》（旬刊）于日本。

1899年（光绪二十五年）

陈少白创办《中国日报》于香港，为兴中会宣传联络机关。

章炳麟（太炎）作《訄书》出版。后改名《检论》。

徐以愻（维则）作《东西学书录》出版。

1900年（光绪二十六年）

王照创制官话合声字母。

亚泉书馆出版《亚泉杂志》，为国人自编科学杂志最早之一种。

商务印刷馆接盘日商修文印刷所，始用纸型。

1901年（光绪二十七年）

礼部奏准变通科举章程，废八股，改试论策义。

派张百熙为京师大学堂管理大臣，附设编译局，任李希圣为编局总纂，严复为译局总纂，邹代钧为舆地编纂处总纂。

同文馆并入大学堂，改组为译学馆。辞退美人总教习丁韪良。

刘坤一、张之洞奏设江楚编译局于南京。初名江鄂编译局。

日人中岛真雄创办《顺天时报》于北京。初名《燕京时报》。

钟观光（宪鬯）、林木林（滌庵）、虞含章等创办科学仪器馆于上海，开始自制理化器械，并译刊科学图书。

梁启超创办《新民丛报》于日本。

商务印书馆创刊《外交报》（月刊），由张元济主编。1910年停刊。

李伯元（南亭亭长）作《官场现形记》。全书六十回，至1906年出版。

1902年（光绪二十八年）

邹容（慰丹）作《革命军》出版。

李伯元作《庚子国变弹词》出版。

梁启超创办《新小说》（月刊）于日本。

吴沃尧（趼人）作《二十年目睹之怪现状》。全书一〇八回，初发表于《新小说》，1907年起陆续印行。

南洋公学退学学生组织爱国学社于上海，创刊《童子世界》。初为日刊，后改为旬刊。

京师大学堂设编书处，编纂小学各级教科书。

土山湾印书馆始设照相制版部。

英敛之创办《大公报》于天津。1926年由吴达铨、胡政之等接盘复刊。

俞复（仲还）、廉泉（南湖）等创办文明书局于上海。吴准教科用书豁免捐税。

1903年（光绪二十九年）

《苏报》因刊载介绍《革命军》等文字被控，章炳麟、邹容入狱。邹后瘐死狱中。

马君武译达尔文《物种原始》第三、四章出版。次年续译第一、二、五章，至1919年重译全书出版。

赵必振译《近世社会主义》出版，为介绍马克思学说最早之译本。

刘鹗（铁云）作《老残游记》。初发表于《绣像小说》，1906年出版。

刘鹗拓《铁云藏龟》出版。

1904年（光绪三十年）

狄葆贤（平子）创办《时报》于上海，为保皇会机关报。

商务印刷馆创办《东方杂志》。初为月刊，后改为半月刊，至1949年停刊。

陈天华（星台）作《猛回头》《警世钟》出版。次年作《狮子吼》未竟，投海死。

文明书局始设彩色石印部。

京师大学堂停办编译局。

1905年（光绪三十一年）

设立学部，派荣庆为尚书，熙瑛、严复为侍郎。

同盟会创办《民报》（月刊）于日本。先后刊行26期。

章炳麟、邓实（秋牧）、刘光汉（师培）等创办《国粹学报》（月刊）于上海。1911年停刊。

曾朴（东亚病夫）作《孽海花》出版。刊行第一、二卷廿回本，1928年修订重刊卅回本。

上海成立书业商会，出版《图书月报》。

商务印书馆始用雕刻铜版。

1906年（光绪三十二年）

学部设图书编译局，派吴嘉毂为局长。

学部公布第一批审定初等小学暂用书目102册。

朱执信（蛰伸）摘译《共和党宣言》十大纲领。载《民报》第二号。

颁布《大清印刷物件专律》。

上海印刷业始用"大英机"单滚筒印刷机。

1907年（光绪三十三年）

出版《政治官报》。

颁布《报律》。

1908 年（光绪三十四年）

财政部设立印刷局。

《天义报》（半月刊）译载《共产党宣言》全文第一章。译者民鸣，姓名待考。

文益书局出版郭文英绘图画书《三国志》。1921 年后世界书局改称连环图书。

1909 年（宣统元年）

学部奏设编订名词馆，派严复为总纂。

设立蒙藏编译局，出版蒙、藏文课本。

于右任、谈善吾等创办《民呼报》于上海，因攻讦官场被封；续刊《民吁报》，复被控停刊。于被逐出租界。

周树人（鲁迅）、周作人合译《城外小说集》，出版于日本。

席裕福（子佩）接盘英商申报馆全部产业。1912 年由史量才接办，席另办《新申报》。

商务印书馆创刊《小说月报》，由恽铁樵主编。

商务印书馆聘徐锡祥创制正楷铅字。

1910 年（宣统二年）

学部订立翻印高初两等小学各书办法。

颁布《著作权律》。

于右任、邵仲辉（力子）等创办《民立报》于上海。

上海书业商会呈准地图、书籍出口免税。海关旧章：在国外印地图、书籍进口无税，中国印者反须纳税。

1911 年（宣统三年）

胡瑛、詹大悲等创办《大江日报》于汉口，著论"大乱者救中国之妙药也"一文被封，詹入狱。

《上海时事报》与《舆论日报》合并改组为《时事新报》。《时事报》创刊于1907年；《舆论日报》创刊于1908年，1909年两报曾初步合并称《舆论时事报》。

改《政治公报》为《内阁公报》。

武昌起义，军政府出版《中华民国公报》。

上海英美烟公司始设胶版印刷厂。

1912 年（民国元年）

南京临时政府出版《临时政府公报》。

设教育部，任蔡元培为总长，景曜月、范源濂为次长，通饬各书局将出版教科书送部审查。

教育部公布审定教科用书规程。

戴天仇、宋教仁等创办《民权报》于上海。

陆费达（伯鸿）、戴克敦、陈协恭、沈知方等创办中华书局于上海。

施仁荣始译恩格斯《理想社会主义与科学社会主义》，在《新世界》半月刊连载。

申报馆始用平台双轮转机。

1913 年（民国二年）

上海书业商会反对美国要求参加中美版权同盟。

商务印书馆始用汤姆生自动铸字炉。

1914 年（民国三年）

颁布《报律》及《出版法》。

教育部公布《修正审定教科用图书规程》。

王国维写印罗振玉《殷虚书契考释》出版。

徐枕亚作《玉梨魂》出版，为鸳鸯蝴蝶派之滥觞。初由民权出版部出版，后归清华书局。

新闻报馆始用美制"巴德式"双层轮转印刷机。

1915 年（民国四年）

颁布《著作权法》。

叶楚伧、邵仲辉等创办《民国日报》于上海，为国民党宣传机关。

中国科学社出版《科学》（月刊）于上海。该社初设在美国，1918 年始移国内。

群益书社出版《新青年》（月刊），由陈独秀主编。第一卷名《青年杂志》，至第七卷止；八卷起独立出版。

中华书局出版《大中华》（月刊），由梁启超主撰。

商务印书馆出版《辞源》，为中国新式辞书之始。

商务印书馆聘陶子麟刻古体活字。

商务印书馆始用胶版印刷机。

1917 年（民国六年）

上海英侨创刊《诚报》书刊，始用影写版。[7]

丁辅之（仁）、丁善之（在三）兄弟创制聚珍仿宋活字。

1918年（民国七年）

教育部公布注音字母表：声母二十四，介母三，韵母十二。

北京孔德学校始用注音字母编印国语课本。

教育部设科学名词审查会，系原有医学名词审查会扩充。

大同书局出版《劳动》月刊，最早刊载《列宁传略》。

汤化龙、刘放园等创办《晨报》于北京。初名《晨钟报》。

《新青年》组编辑委员会，由李大钊、钱玄同、高一涵、沈尹默、陈独秀、胡适轮流编辑。

注释

[1] 此附录摘自张静庐辑注《中国近现代出版史料》（中国近代出版史料二编）第421页至第435页。

[2]《胡道静报坛逸话》载：创刊于1861年11月，初为周刊，次年5月改为二日刊。

[3]《上海研究资料》载："开办于一八六九年（同治八年）。"

[4] 据《徐雨之上海杂记》载：成立于同治十二年（1873年）。

[5]《教育年鉴》戊编《教科书之发刊概况》载：成立于光绪二年（1876年）。

[6] 戈公振《中国报学史》载：创刊于光绪二十三年夏（1897年）。

[7] 国内有影写版设备始于1923年，该刊系在国外印刷运沪发行者。

译后记

在第一次鸦片战争结束之后,基督新教传教士在华的出版中心从澳门、南洋迁往新开放的五个通商口岸。"花华圣经书房"(American Holy Classic Book Establishment)和上海美华书馆(The American Presbyterian Mission Press)是美国北长老会差会在中国设立的出版与印刷机构。在其近百年的历史沿革中,美华书馆在西学东渐的过程中为中国输入了西方《圣经》、医学、印刷技术、自然科学等知识并为中国近代培养了印刷和出版人才,成为中国近代史上中西文化交流的一座重要桥梁。

1844年,美北长老会在澳门开设花华圣经书房(The Chinese and American Holy Classic Book Establishment),第一任负责人是柯理。1845年,花华圣经书房迁往浙江宁波。1858年,美国长老会派遣早年曾经学习过印刷技术的传教士姜别利来华主持花华圣经书房,书房随之易名为美华书馆。1860年(清咸丰十年)12月,花华圣经书房从宁波迁至上海小东门外。1874年,美华书馆从小东门再迁至北京路(对于具体地址尚有争议,一说是北京东路288号靖远里，另一说为北京东路 18 号江西路口）(《中西文化交流的桥梁——美华书馆》，《档案与史学》，2003 年第 3 期；薛理勇：《美华书馆位置考》，《档案与史学》，2003 年第 4 期）。到 19 世纪末，美华书馆取代了墨海书馆的地位，迅速发展为当时上海规模最大的现代化印刷厂，也是基督教在华的主要出版机构。1902 年，美华书馆迁往苏州河以北的北四川路（今四川北路）135 号（横浜桥北）新址。美华书馆在北京路时期就设有内部教堂思娄堂，以纪念美北长老会第一个来华的传教士娄理华。20 世纪初书馆北迁横浜桥后，思娄堂也于 1925 年北迁到虹口的窦乐安路（今多伦路）重建，更名为鸿德堂，以纪念 1923 年去世的美华书馆负责人费启鸿。1928 年 10 月，新堂落成。1915 年，美华书馆和华美书馆合并。1927—1928 年，美华书馆及其设备器材转卖给商务印书馆。

1869 年姜别利离开中国后，美华书馆先后由韦利、马提尔、霍尔特、范约翰、费启鸿等负责。姜别利对于中国印刷技术的发展有两项重要发明——电镀法汉字字模与元宝式排字架。与传统的手工雕刻字模相比，姜别利的电镀法汉字字模和元宝式排字架提高了印刷效率和印刷质量，堪称中国印刷史的一次革命。而流行几十年的"美华字"奠定了中文铅字制度的基础。因此，姜别利被称为中国的"古登堡"。

美华书馆为中国出版业培养了人才，1897 年 2 月成立的上海商务印书馆的 4 名创立者——夏瑞芳、鲍咸恩、鲍咸昌和高凤池原本分别是美华书馆的英文排字工、刻字工、中文排字工和老工人，他们在美华书馆工作多年且都是长老会信徒。在商务印书馆创办过程中，费启鸿给予了很大帮助。

美国基督教长老会遣华传教士金多士（Gilbert McIntosh）于1895年美华书馆成立50周年之际出版《在华传教士出版简史》（*The Mission Press in China*）（上海美华书馆印刷），该著述是关于美华书馆50年回顾及其他在华差会印书馆的简述与在华圣经和布道协会的记录，对于厘清在中国近代史上发挥过中西文化交流重要作用的美华书馆及其他在华印书馆的出版信息具有重要的学术价值和史料价值。为此，我们有充分的理由把这本小册子列入"报史报人译丛"并将其翻译成中文。

这本译著是团队成员合作的产物。在此，译者对所有关心和支持这本书的朋友表示衷心的感谢。本书译者的翻译分工如下：王海（广东外语外贸大学新闻与传播学院教授、翻译学研究中心研究员、郑州大学穆青研究中心研究员）翻译第一章至第四章、第七章、注释和附录，参与翻译第五章、第六章与校译工作；王晓宁博士（郑州大学新闻与传播学院副教授、穆青研究中心副主任）负责校译和统筹全书；刘峻希（玛氏中国公司）参与翻译第五章；中山大学南方学院教师祝海林参与翻译第六章。

感谢中央编译出版社对本书出版给予的支持和付出的劳动。特别感谢郑州大学新闻与传播学院教授、穆青研究中心主任董广安女士对这套丛书的翻译和出版给予的指导和支持！

广东外语外贸大学教授
郑州大学穆青研究中心研究员
王海
2016年9月